心もからだもおなかも〝湯治〟

とっておきの温泉宿

和田美代子

食べもの通信社

はじめに

「ああ、温泉に行きたい」。あわただしい毎日を過ごしている私たち現代人にとって、温泉は自分をリセットできる身近な場所ではないでしょうか。ただただ湯に身をゆだねているうちに、不思議な活力が湧いてきたと実感できるのが温泉です。

日本は、その数約3000といわれる温泉大国。全国にはかけ流しの源泉を守り、心あたたまる宿がたくさんあります。

長年、温泉を取材していくなかで、自分なりに紹介したい温泉宿の基準ができてきました。まず「温泉は大地からの恵みがあってこそ」という謙虚な気持ちで、かつ誇りをもって湯を守る人が存在していること。何代もさかのぼれる老舗ではないとしても、「湧き出た温泉を必要とする人に利用してもらいたい」という姿勢が発端で開業した宿にも心惹かれました。

また、いまも湯治《とうじ》ができるところ。湯治は、西洋医学がまだなかったころ、病への一つの対処法でもあったと伝えられています。江戸時代以降は庶民の間でも盛んになり、発病には至らない「未病」の段階で、あるいはよく働いた体を労って農閑期の骨休めの定番だった湯治。いまでも各地で湯治は脈々と受け継がれていて、自然治癒力をキーワードに見直されてもいる……。

月刊『食べもの通信』での連載「とっておきの温泉宿」では、そんな基準で足を運んだ40カ所近くの温泉宿を紹介しています。本書はその中からセレクトし、最新情報を入れてまとめたものです。なるべく家族経営で、その土地のあたたかさが伝わってくる宿が中心になっています。湯治といえば、本来、7日間をひと巡りとする本来の在り方からゆるめて、〝新しい湯治スタイル〟を発信している宿も訪ねました。また、温泉と並び「食」は元気になる源。その土地ならではの風土が生んだ一品や、滋味深い料理を味わえる宿を念頭におきました。女将が育てている無農薬の畑を見せてもらった宿もあります。

コロナ禍で、旅行を控えてきた方も多いことでしょう。リフレッシュに、あるいは体調を回復するためにどこか温泉に行きたい、と思っている方へ。温泉の魅力をしみじみ感じる「とっておきの温泉宿」にぜひいらしてください。

和田美代子

目次

北海道・東北

関東

中部

近畿

中国・四国・九州

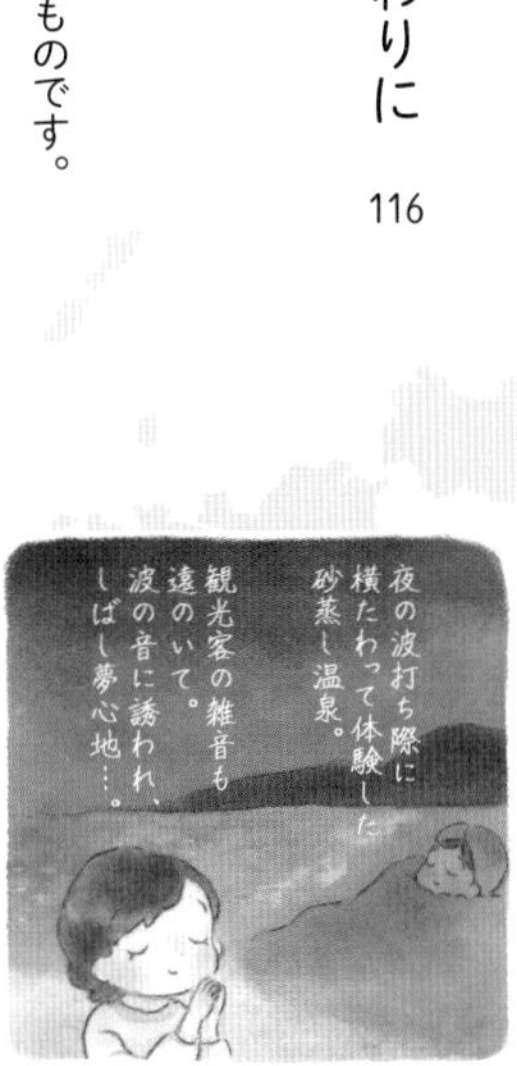
夜の波打ち際に
横たわって体験した
砂蒸し温泉。
観光客の雑音も
遠のいて。
波の音に誘われ、
しばし夢心地…。

本書は、月刊『食べもの通信』で連載中の「とっておきの温泉宿」に加筆・修正を加えたものです。
最新の情報は各宿でご確認ください。

1

北海道・豊富《とよとみ》温泉

川島旅館

皮膚を保湿する
天然油分
アトピー改善を
願って全国から

湯殿は男女入れ替え制。貸切露天風呂も

天然素材の建築 細やかなおもてなし

稚内市《わっかない》から南下すること約40㎞。日本最北端にある豊富《とよとみ》温泉は大正末期、石油の試掘中に天然ガスといっしょに温泉が噴出したことがはじまりです。近年はアトピー性皮膚炎などにもよいと評判になり、全国から湯治客が集まってきます。

豊富温泉には湯治の相談にも応じてくれる町営の日帰り温泉入浴施設があり、そのすぐ横に「豊富鉱山・天然ガス採取プラント」の看板が。いまも天然ガスを採取している場所であり、原油が混じる源泉を集中管理する場所です。

2階建ての「川島旅館」はそこから道路を挟んだ目の前。3代目の松本康宏さんご夫妻が「湯治目的の人にも、気分転換で1泊程度の人にも、居心地のいい空間を」と、2016年に全面リニューアルしました。

薪ストーブを設《しつら》えた吹き抜けのラウンジなど、館内は天然素材を生かしたナチュラルモダンです。シングルルームに入ると、3種から選ぶウエルカムドリンクと、温泉に入る前の塩分補給に梅干しが添えてありました。

通称「油風呂」。川島旅館の内湯は照明が絞られていて、その雰囲気がまた優雅な気分にさせてくれます。わずかに黄色がかった温泉は確かにかすかな石油臭が。その油成分が類まれな保温・保湿効

朝食の一例

果を発揮し、「保護膜」と表現する人も。かかとのひび割れなど、何回か入るだけで決別だ。そんな手応えを感じました。肌をダメージから守るメタホウ酸も豊富に含まれています。

豊富温泉の源泉温度は35度以下。季節により変動します。川島旅館の内湯はぬるめの湯船と源泉そのままの湯船の2種類で、半露天風呂はやや熱めに加温しています。

東京から何回か訪れているという親子連れと一緒になりました。「いまはアトピーが再発しないように」と湯治の目的を語ってくれた娘さんからは笑みがこぼれていました。皮膚科医に勧められて豊富温泉を知ったそうです。

「とよとみフレーバーバター」を朝食で堪能

皮膚疾患改善の兆しがみえたのを機に豊富温泉に移住した人も少なくないと聞きます。料理はそうした人たちへの支援にも尽くしてきた3代目が担当。札幌の料亭やイタリアンレストランで修業した経験が生きています。

夕食時には、ドリンク1杯をサービス。タコのマリネやサンマの塩焼きを地酒で楽しみました。「これぞビジネスプラン」という満足感は朝食であらたに。川島旅館オリジナルの「とよとみフレーバーバター」を数種類も堪能できるのです。門外不出のレシピで作ったバターに、利尻昆布やウニ、ハスカップなど、北海道の素材を練り込んだものです。ご飯にのせてもおいしい！

「人口4千人、乳牛1万6千頭が暮らすまち、豊富町。……」と牧草地を写したランチョンマットには「温泉旅館にできることを、もっと。」とも。オーナー夫妻の郷土愛と温泉への情熱を感じました。

DATA

住所	北海道天塩郡豊富町字温泉（豊富町字上サロベツ1988番地65）
電話	0162-82-1248
交通	JR豊富駅より沿岸バスで約10分、豊富温泉バス停下車、徒歩1分（バスの本数が少ないため、注意。宿泊者は同駅まで送迎あり。3日前までに要予約）。道央自動車道旭川北ICから士別剣淵IC経由で3、4時間
宿泊料金	1泊2食付き9800円(税・入湯税込み)～
部屋数	15室（洗面所とトイレは共同）
日帰り入浴	おとな800円。13～20時

温泉の特徴

- 泉質　含よう素-ナトリウム-塩化物温泉
- 湧出状態　掘削
- 泉温　約28～34度

2

青森県・大鰐《おおわに》温泉

ヤマニ仙遊館

太宰治も宿泊 明治の空気 いまに残す宿

2022年に改修された湯殿。かつてこの湯で太宰治も癒やされた

明治30年に建てられた有形文化財の宿

津軽の奥座敷として親しまれてきた大鰐温泉。明治28（1895）年の奥羽本線大鰐駅開通に伴い、湯治客や娯楽客でにぎわう湯の街に発展しました。大鰐町史によれば開湯は800年前にさかのぼり、「大鰐温泉もやし」の栽培を300年以上伝承する地としても知られています。その珍しい一品も味わいたいと、ヤマニ仙遊館を訪れました。

創業は明治5年。現在の建物は明治30年に建てられたものです。漢学者の依田学海や詩人の大町桂月など多くの要人・文人が訪れており、津軽出身の太宰治もその一人。少年のころ両親と湯治に訪れ、おとなになってからも再訪しています。

「ヤマニ仙遊館」は2017年、本館と土蔵が国の有形文化財に登録されたのを機に、土蔵を改装。弘前市内で住宅工務店も営む宿の5代目当主・菊池啓介さんが、敷地内の蔵に眠っていた火鉢を手洗い陶器にするなど、古民具や不要品を再利用してレトロな雰囲気の洋食レストランにすると同時に、宿としての営業を再開しました。

湯は無色透明・無味無臭でクセがなく、やわらかいのが特徴です。ヤマニ仙遊館の湯殿は、タイル張りの内湯が男女別に一つずつ。どことなく風情が感じられ、リラックスして温まることができました。

庭園を望む大広間でいただく「ヤマニの朝ごはん」

共同浴場「大湯会館」（午前6時〜午後9時、200円）が、宿の隣にあります。広い湯殿に入りたいときは下駄履きで出かけ、湯冷めしないうちに部屋に戻れる距離。地元の人たちに混じって湯船につかると、生活感のある土地の空気が感じられて、親しみを覚えました。

門外不出の豆で作った長さ40cmの伝統もやし

大鰐温泉では、かつて津軽藩の献上品としても珍重された伝統野菜の大鰐温泉もやしが、一子相伝で受け継がれてきました。

もやしは通常、水耕栽培されますが、大鰐温泉もやしは土壌栽培です。温泉熱で室《むろ》の土壌を温め、わら遮光して栽培します。収穫時の長さは40cmになることも。収穫したもやしを洗浄する水も温泉水だけを使い、豆は門外不出の地元産という徹底ぶりです。

近年、町と地元の有志がこの伝統もやしを栽培する後継者を育成しており、年間を通して購入できます。

大鰐温泉もやしは朝食で必ずいただけます。一般的な水耕栽培のもやしではとても味わえないシャキシャキとした歯触り、豆のうま味が濃厚でした。

宿泊の前々日までに予約をすれば、朝、庭園を望む大広間で「ヤマニの朝ごはん」（1500円）がいただけます。津軽のカッチャ（津軽弁でお母さん、おばちゃんの意）たちが作る郷土料理のおかずが並ぶ朝食です。

いただいたメニューの中には、大鰐温泉もやしを使ったもやし炒めも。添えられたみそ汁のみそは、宿から徒歩数分の場所にあるみそ蔵「マルシチ」で、温泉熱を利用して発酵熟成させたものでした。とてもおいしくて、自分用に買い求めました。

DATA

●住所	青森県南津軽郡大鰐町蔵館村岡47-1
●電話	0172-48-3171
●交通	JR奥羽本線大鰐温泉駅から徒歩約13分。大鰐弘前ICから国道7号線経由で約10分。大鰐駅からタクシーで約3分
●宿泊料金	素泊まりプラン1人1部屋8150円〜（税・入湯税込み）、朝食付きプランや2食付きプランもあり
●部屋数	11室（全室和室）※洗面、トイレ、温泉は共同
●日帰り入浴	なし

温泉の特徴

●泉質	硫酸塩泉・弱アルカリ単純泉・弱アルカリ塩類泉
●泉温	約67度

3

岩手県

大沢温泉

自炊棟「湯治屋」でマイペースの温泉三昧

湯治屋にある「大沢の湯」。眺望は四季折々に美しい

〝帳場〟でこたつを借り、売店で納豆を買い……

清流・豊沢川の両岸に、山水に溶け込むようにたたずむ湯の里。「大沢温泉」は、近代和風旅館の山水閣と、「湯治屋」と名づけられた木造2階建ての自炊棟に宿泊することができる一軒宿です。湯治ファンにはあまりに有名です。築200年の湯治屋はどこか分校を思わせるような、正面玄関からしてなんともいえない風格を醸し出していました。

湯治屋に泊まるには、まず〝帳場〟でレンタルしたいものを記入する。掛け布団、敷布団、毛布、浴衣は各200円、シーツ100円、こたつ300円……。何も借りず、部屋代だけでの宿泊もできるシステムです。

帳場の横には引き戸を開けて入る売店が。納豆や野菜といった地元の食材（魚肉類は利用する前日午前中までに申し込めば、取り寄せ可。要確認）から日用雑貨まで、ここで最低限のものはそろえることができます。湯治屋は老若男女が行き交い、活気にあふれていました。

広くて清潔な共同炊事場の食器などは無料。有料のガス代は10円玉1枚で7〜8分使える。自炊が億劫になったら、館内の食事処（朝食は予約制）を利用してもいい。岩手の郷土料理「ひっつみ」って何だろう。部屋にこもっていたければ、出前してもらえるメニューもある……。「連泊してみる！」。初めて訪れたとき、胸が高鳴ったのを覚えています。

静まり返った夜の時間帯に入る大沢の湯も、格別

大沢温泉名物「大沢の湯」レトロなタイル湯

連泊したのは、川面が望める2階の部屋。ミシミシッと廊下を歩く音や、大沢温泉名物・混浴風呂「大沢の湯」の女性専用タイム（20〜21時）を知らせる館内放送にも、なぜか安堵します。豊沢川にせり出した大沢の湯からの眺めにも癒やされます。うっすら雪化粧した夜更け、不要なものはそぎ落としたいと思ったものです。四季折々に美しく、春は桜に藤も見事だそうです。

広々とした大沢の湯に隣接して、女性専用のこぶりな露天風呂も。館内にはレトロなタイル貼りの薬師の湯があり、こちらは地元の人にとっても大切な場になっています。

3カ所とも、無色透明の源泉かけ流し。肌がしっとりツルツルになり、源泉を配合したオールインワン美容クリームとして商品化されているほどです。

なお、山水閣にある岩風呂「豊沢の湯」も利用できます。渡り廊下から行き来できるようになっています。

花巻で生まれ育った宮沢賢治が小学生のころ、父親に連れられて訪れた大沢温泉。賢治はのちに花巻農学校の教師になってから、生徒たちを引き連れて再び訪れています。懐かしかったことでしょう。

なお、湯治屋では、館内の清掃にはあえてほうきとぞうきんをこまめに使い、掃除機などの機械音をさせない心配りがなされています。

こんな一コマからも、昔ながらの湯治の良さを残そう、伝えていこうという心が伝わってくる、懐かしくぬくもりにあふれた宿なのです。

DATA

●住所	岩手県花巻市湯口字大沢181
●電話	0198-25-2315
●交通	JR東北新幹線新花巻駅からバスで40分、JR花巻駅からバスで30分（両駅に1日3本定時刻に花巻南温泉峡の無料送迎バスあり。人数確認のため事前に電話必要）。東北自動車道花巻南ICから15分
●宿泊料金	部屋代1泊2454円〜（税別）
●部屋数	和室57（冷蔵庫、テレビ付き）、トイレは共同（全シャワー式）
●日帰り入浴	700円（税込み）

温泉の特徴

●泉質　アルカリ性単純温泉　●泉温　51.2度

4

宮城県・東鳴子温泉

旅館大沼

ハーブの香りでリラックスできる大正時代からの「ふかし風呂」

貸切露天風呂「母里《もり》の湯」

貸し切りにできる自家源泉の湯殿が4カ所

「旅館大沼」は創業100年。5代目の大沼伸治さん（60歳）は、長く受け継がれてきた湯治文化を後世に伝えたいと、自らを「湯守り」と心得、「短い滞在でも、温泉の治癒力と『場』がもつエネルギーを受けとり、心身をゆるめ、命の力を養える温泉」を念頭に、現代に合う工夫を重ねています。

本館と自炊のできる湯治館があり、館内全体で7カ所の湯めぐりが楽しめます。混浴大浴場は周辺の宿と共有するやや黄色がかった湯、女性専用の浴場には自家源泉のやや赤みがかった湯が注がれています。ともに、「美肌の湯 重曹泉」と呼ばれて親しまれてきました。刺激のないやわらかい湯で、肌がすべすべに。

湯治館の4階には、貸し切りにできる自家源泉の小さな湯殿が2つ。備長焼竹炭を浴槽に練り込んだ「陽の湯」と不要なエネルギーを浄化する水晶など薬効石を数種類埋め込んだ「陰の湯」が。窓からは陸羽東線を走る列車が見え、旅気分も高まります。

この宿で大正時代から引き継がれている「芳香浴 ふかし風呂」は体力を消耗している人にもおすすめです。1・5畳ほどの板の間に着衣したまま横になり、床下を流れる源泉の熱で体を温める温熱療法です。蒸し返すような息苦しさはなく、ほのかなハーブの香りが漂う薄暗い空間で床下の湯音を聞いているうちに心地よくなり、まどろんでしまいました。

宮城県・東鳴子温泉
「旅館大沼」

一汁五菜プランの一例

薬膳鍋……一汁五菜プランも

食事でも体を養生したい人は、一汁五菜（ご飯に汁もの、漬物、煮物、鍋物、八寸の五品）プランを。クコの実や松の実入りのスープに春雨や旬の野菜を入れる鍋、チーズを挟んだズッキーニの春巻き、塩麹など3種の小鉢セット……。胃に負担をかけないやさしい味付けです。

ご飯は、オプションで消化によい小豆入り発酵玄米にしました。塩釜の藻塩と国産大豆を炊いた玄米をさらに発酵熟成させたこの玄米ご飯は、朝食でも味わえます。

朝食に添えられた納豆の粘りとコクと、秘話にも拍手。大粒でもっちりとした大豆は、地元の農家に作ってもらっている在来種のクルミ大豆。それを、市内の納豆製造工場（1908年創業の細川食品工場）で宿の食事で提供する専用の納豆にしてもらっているそうです。
トロっとした湯豆腐も美味。川向こうで手に入る重曹泉にまず豆腐をひたして生まれる一品です。

納豆

旅館大沼では、近くの遊休農地を宿泊者とともに開墾し、クルミ大豆を育てています。また、先代が手がけた離れの山荘（徒歩数分）をさまざまな企画で使えるよう、有料で開放。
そのすぐ近くにある貸切露天風呂「母里の湯」の贅沢感はたまりません。

DATA

●住所　宮城県大崎市鳴子温泉字赤湯34
●電話　0229-83-3052
●交通　JR陸羽東線鳴子御殿湯駅から徒歩5分（送迎可。要相談）。東北自動車道古川IC から約30分
●宿泊料金　1泊2食付き1万2980円～（湯治館2名1室）
●部屋数　和室20（冷蔵庫、テレビ付き、本館はトイレ付き）、湯治館はトイレなし
●日帰り入浴　不可

温泉の特徴

●泉質　ナトリウム - 炭酸水素塩泉、ナトリウム - 炭酸水素塩・塩化物泉
●湧出状態　掘削による自噴　●泉温　約65度

5

宮城県・川渡《かわたび》温泉

越後屋旅館

二つの湯殿で〝利き湯〟
定評の料理には畑で育てた素材も

「越後の湯」。階段を上った先には小さな露天風呂も

短時間で驚くほど発汗し、肌もツルツルに

鳴子《なるこ》温泉郷の一つ、川渡《かわたび》温泉は江戸時代、伊達藩主が湯治に訪れた由緒ある温泉地です。脚気《かっけ》に効く温泉として知られてきました。現在も、湯治宿時代から続く宿が数軒残っています。昭和5（1930）年に再建された「越後屋旅館」は家族で営んでいる宿。畑で育てた野菜で作られた料理は、一度味わうとファンになるという声がたくさんあります。

越後屋旅館の湯殿は、隣接する共同浴場から引き湯している熱めの「越後の湯」（含硫黄－ナトリウム－炭酸水素塩泉）と、旅館の敷地内を掘削して湧き出た「不動の湯」（単純硫黄泉）の二つ。玄関に足を踏み入れた瞬間、かすかに卵臭がしたのは、硫黄泉のにおいでしょう。

どちらも内風呂とドアで仕切られた岩造りのプチ露天風呂が備えられています。ともに濁り湯です。弱アルカリで肌への刺激がなく、ツルツルになります。無料の貸し切り風呂が付いている不動の湯は、その日の湧出状態などで透明に近い緑色に変わることも。

二つの湯殿は男女入れ替え制（1日1回、夜7時に入れ替え）です。清掃の時間以外は、夜通しいつでも入浴できます。異なる泉質である二つの湯を1日で楽しめるため、利き酒ならぬ〝利き湯〟を試したい温泉ファンも多く訪れるそうです。どちらの湯も短時間の入浴だけで、「こんなに⁉」と驚くほど発汗しました。

宮城県・川渡温泉
「越後屋旅館」

夕食の一例

三陸の海の幸
朝食からも真心が伝わって

夕食までの時間、歩いて5分のところにある宿の畑を見に行くと、女将の吉田豊子さんが数種類の野菜を収穫中でした。

畑の奥にはシンボルのように、自生した姫グルミと梅の2本の古木が枝を広げています。姫グルミは市場に出回っている西洋グルミと比べて渋みがなく、実が取り出しやすいのが特徴だそう。女将さんが「夕食にはよくクルミご飯を出します。今日も出ますよ」と教えてくれました。

畑は車で10分ほど行った山あいにもう1カ所あり、サトイモやハクサイを育てています。山に入っての山菜採りはご主人の担当だそうです。

夕食タイムの接客は、女将さんと、宿を予約したさいに電話口での感じの良さが印象的だった若女将の慶子さんのほか、長年勤めている近所の年配女性が助っ人に。女将から若女将に、宿の歴史と真心が受け継がれていて、これもご馳走《ちそう》のうちと感じられるほどでした。

ブランド牛で有名な仙台黒毛和牛の鉄板焼きが付いた宿泊プランもありますが、スタンダードプランを選択。それでも品数は十分で、季節の食材や三陸の海の幸を使った料理に満足しました。

朝食はサケの焼き魚、多種の野菜に麩やワカメなど具だくさんのみそ汁（みそは自家製）、温泉卵、湯豆腐、がんもどき入りの野菜の煮物など。収穫した大根を、天日干しして作ったたくあんも並びます。こだわりの和朝食も、誰もが満足度「大」に違いありません。

DATA

●住所	宮城県大崎市鳴子温泉字川渡24-9
●電話	0229-84-7005
●交通	JR陸羽東線川渡温泉駅から徒歩約15分（宿泊・個室休憩利用の場合、送迎あり。要予約）。東北自動車道古川ICから国道47号線経由で約35分
●宿泊料金	1泊2食付き8950円〜（税・入湯税込み）
●部屋数	12室（4タイプ全室和室）
●日帰り入浴	おとな500円。10〜16時。個室利用1人2050円

温泉の特徴

●泉質　「越後の湯」含硫黄-ナトリウム-炭酸水素塩泉、「不動の湯」単純硫黄泉
●泉温　「越後の湯」約50度、「不動の湯」約44度

6

山形県・小野川温泉

うめや旅館

温泉成分が多量な「4号源泉」にこだわり

うめや旅館の向かいにある湯だまり。温泉玉子作りの体験もできる

「体が包み込まれているような心地よさ」の源泉

米沢市郊外の鬼面川《おものがわ》沿いに12軒の宿が建ち並ぶ小野川温泉は、伊達政宗や米沢藩中興の祖・上杉鷹山が愛した名湯です。

硫化水素を含み、かすかに硫黄臭がする小野川温泉の湯は、肌に良いメタケイ酸も多く含まれています。高温と低温の2本の源泉を温泉街で共有し、すべての宿が源泉かけ流し。各宿には温泉街で共有する「4号源泉」（約80度）と、「5号源泉」（約35度）と名づけられた同じ泉質の源泉が配湯されています。

5号源泉が掘削されたのは2008年。それ以前は、熱交換装置がない宿では80度と高温の源泉に加水するしかありませんでした。二つの源泉はブレンドしても十分に還元力が高いと専門家に評価され、ほとんどの宿が混ぜて適温にしています。

しかし、明治元（1868）年創業の「うめや旅館」が利用するのは4号源泉（同館より約300m）のみ。オーナーの齊藤孝夫さんは、先代が始めた熱交換システムを引き継ぎ、「濃いフレッシュな温泉を提供し続けよう」と決めました。

ある日、脳梗塞で片手が不自由になった男性から「うめや旅館の温泉につかったあと、こわばりがいちばん楽になる」と言われたことも。

夕食の一例。米沢牛のしゃぶしゃぶ、山形名物のいも煮。それ以外にも色鮮やかに盛り付けられた米沢の郷土料理の数々

42度に設定された湯のpHは中性で刺激がなく、体が包み込まれているような心地よさ。露天風呂はありませんが、泉質の良さに満足感を味わいました。4号源泉100％の貴重な湯を堪能できます。

鷹山ゆかりの夕食 朝食にはラジウム玉子も

夕食は、上杉鷹山が推奨した質素倹約の遺訓を受け継ぐ郷土料理を味わうことができます。コイの甘露煮もその一つ。幕藩時代に住まいの池でコイを飼い、来客時の食膳に付ける風習がはぐくまれたのだそう。カルシウム豊富なこの郷土食、川魚特有の泥臭さがまったくなく、コイのイメージが一変しました。山形名物のいも煮も。内陸のこのエリアは牛肉でショウガ味でした。

朝食の温泉玉子は、地元で「ラジウム玉子」とよばれるもの。源泉にラジウムが含まれているからですが、高温の源泉にラジウムが含まれるのは全国でも珍しいのです。地元産の野菜を使い、人気お豆腐屋さんのふわふわ寄せ豆腐はうめや旅館だけの一品。体に優しい朝食です。

共同浴場「尼湯」の前には「飲むと胃腸の粘膜の血液量が増え、痛風、糖尿病、リウマチなどに効果がある」と掲示された飲泉所もあります。

清水山のふもとから湧き出る清水が飲める飲泉所には、「小町ゆかりの名泉」と書かれていました。ホタルの名所としても知られる小野川温泉はかの小野小町が旅路の途中、薬師のお告げによって発見したという言い伝えがあります。遠方からくみに来る人も絶えません。

DATA

●**住所**	山形県米沢市小野川町2494
●**電話**	0238-32-2911
●**交通**	JR山形新幹線米沢駅から山交バス小野川温泉行きで約25分、小野川温泉下車すぐ。東北自動車道米沢中央ICから約20分
●**宿泊料金**	1泊2食付き1万4500円～(税・入湯税込み)。1人利用(応談)
●**部屋数**	11室
●**日帰り入浴**	500円。12～16時、18時30分～21時

温泉の特徴

●**泉質**　含硫黄／ナトリウム／カルシウム／塩化物温泉
●**湧出状態**　掘削　●**泉温**　約80度

7

群馬県・草津温泉

ホテル クアビオ（KurBio）

浅間山が見える温泉とマクロビオティックがベースの食事

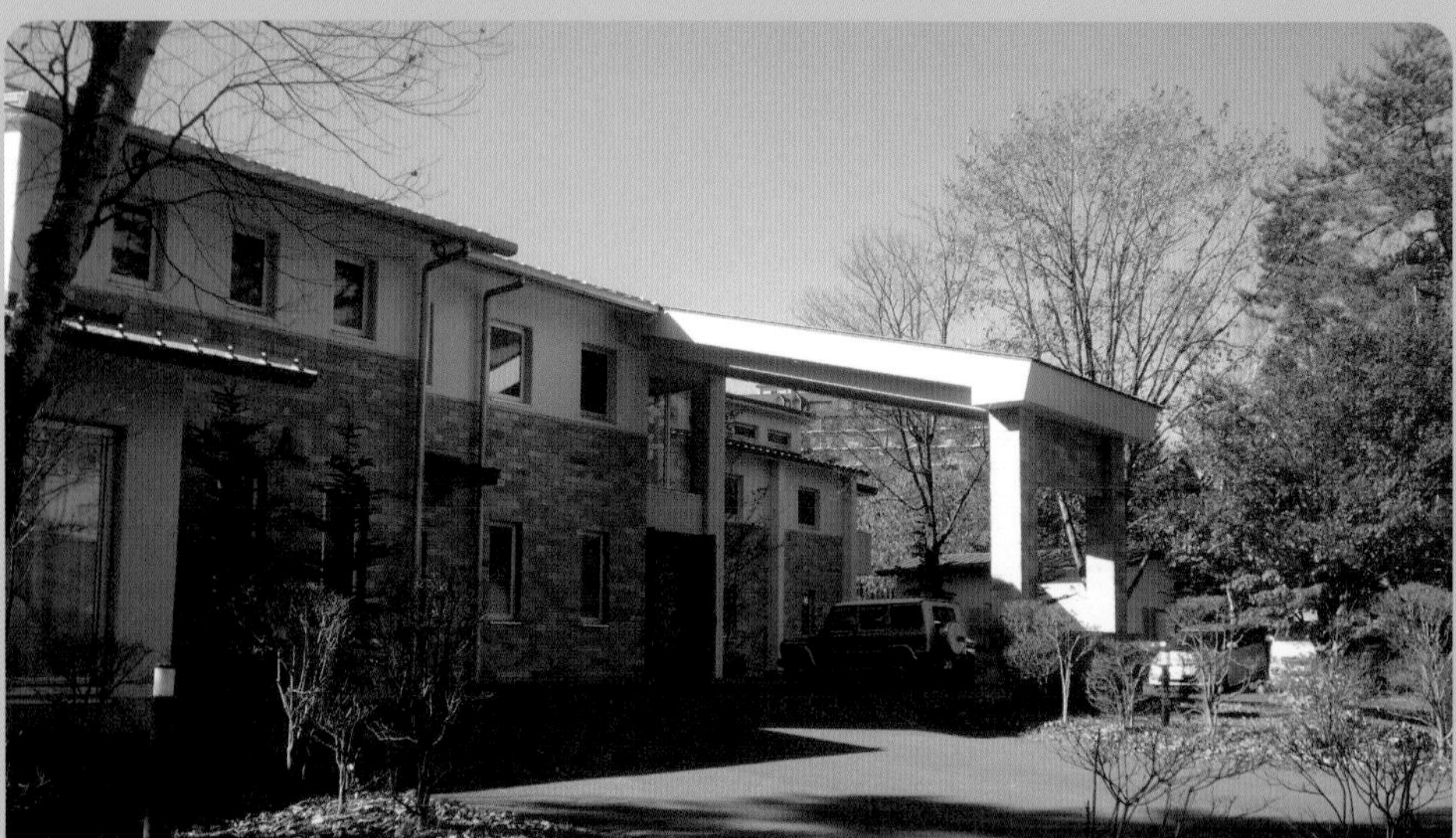

ホテルの名は「治癒・回復・治療」を意味するドイツ語のKURと、「生命」を表すギリシア語のBIOSの組み合わせ

強力な殺菌力がある湯

標高1200mの高原に広がる草津温泉。自然湧出量で全国1位を誇り、優れた泉質とともに名湯として知られています。

心身の健康を目的とした「ホテル クアビオ」は、にぎやかな温泉街から15分ほど歩いた木々の中にたたずんでいます。モダンな館内に入ると、「どうぞ、ここでルームシューズにお履き替えください」とオリジナルのルームシューズ（持ち帰り可能）を手渡されました。

草津温泉は白濁して硫黄のにおいも強烈な源泉が有名ですが、同ホテルには町が管理する、比較的新しい源泉「万代《ばんだい》鉱源泉」が引かれています。湧出時の泉温は95度。湯量を調節し、42度に設定しています。湯は無色透明で、ほとんど無臭。酸性度が高く、強力な殺菌力があります。肌に潤いをもたらすメタケイ酸も豊富な名湯です。

お風呂は、内風呂（ささ湯）と半露天風呂、フィンランド式サウナがあります。半露天風呂は42度の湯船、木枕が横たわるぬるめの寝湯、深めの水風呂が並び、湯につかりながら浅間山が眺められます。専門家によると、源泉の成分上、20分以上長湯するより、温冷浴を繰り返すほうがより効果的だそうです。

群馬県・草津温泉
「ホテル クアビオ（KurBio）」

夕食の一例

マクロビオティックがベースの食事プラン

私が体験したのは、マクロビオティック（＊1）をベースとしたフレンチスタイルの食事プランです。体の変化をしっかり体験できるように、3食すべてホテルが用意する食事をいただきます。

昼食は、オーガニックの野菜がたっぷり入ったスープとサラダ、オーガニックの全粒粉を使った天然酵母パンが並びます。

夕食はフレンチスタイルのコースディナーで、前菜が吾妻リンゴのポタージュ カプチーノ仕立て。季節の野菜をオリーブオイルとニンニク、豆乳を合わせた温かいソースでいただきます。メインディッシュは雑穀とサツマイモのアンクルート（パイ包み）。香川県産の「酵素農法（＊2）有機無農薬玄米」

のリゾット仕立てもあります。

植物性だけの食材とは思えない、工夫を凝らした料理の数々。ボリューム感があり、彩りも美しい盛り付けでした。

翌日の朝食はニンジンジュースや梅干しです。有機栽培で甘味のある旬のニンジンを各地から取り寄せ、成分を壊さない低速回転のジューサーでしぼっています。濃厚な味をゆっくりと噛みしめました。

ファスティングプラン（＊3）は2泊3日で、ニンジンジュースと三年番茶、梅干しが基本。ジンジャーティーや黒糖・ショウガの葛湯の用意も。

アロマをたいた部屋は心地よく、ゆったりと過ごせるので、外出しなくても充足感を得られました。

＊1：動物性のものや精白糖を使わない食事法。
＊2：自然界に広く存在する酵素の触媒作用を活用した微生物農法。
＊3：ジュースで栄養を補いながら、消化機能を休ませて、体内の老廃物を排出する断食法。

DATA

●住所　群馬県吾妻郡草津町草津226-63
●電話　フリーダイヤル0120-89-0932、または0279-89-8181
●交通　JR吾妻線長野原草津口駅から草津温泉バスターミナル行きバスで約25分、終点下車、徒歩約15分またはタクシーで約5分（バスターミナルまで送迎あり。要予約）。上信越自動車道碓氷軽井沢ICから国道146号・292号経由ほか
●宿泊料金　フレンチマクロビオティックプラン1泊2万5300円～
ファスティングプラン2泊3万9160円～
●部屋数　洋室11（収容人数22名）
●日帰り入浴　なし

温泉の特徴

●泉質　酸性-塩化物・硫酸塩温泉　●湧出状態　自然湧出

8

群馬県・法師温泉

法師温泉長寿館

風格ある木造建築湯船の下から湧き出る温泉

混浴の大浴場「法師乃湯」

与謝野晶子も訪れた「美人の湯」

明治8（1875）年に建てられた「法師温泉長寿館」は、新潟県長岡市に通じる三国《みくに》峠の谷間にある一軒宿です。

太い梁《はり》を巡らせた高い天井、創業当時には斬新だったアーチ型の窓……。湯殿の引き戸を開けると、時代をさかのぼったかのような空間に、感嘆のため息がもれました。

法師温泉長寿館のシンボル「法師乃湯」は広さもさることながら、浴槽、床、壁すべてが木造で、風格たっぷりです。端正な和洋折衷の木造建築に加え、明かりとりも独特で、日中は窓から差し込む自然光、夜は湯殿の四隅に行灯がともります。

いくつかの湯船が並んでいるかに見えますが、枕木の役割も兼ねる丸太で湯船は八つに仕切られています。歌人・与謝野晶子は訪れた折、「草枕 手枕に似じ 借らざらん 山乃のいでゆ乃 丸太のまくら」と詠んでいます。湯は無色透明。ぬるめで、仕切りによって38～41度と微妙に違います。

「美人の湯」とも「傷の湯」ともいわれる良質な源泉が、湯船の底に敷き詰められた玉石の隙間のところどころから、プクプクと湧き出ています。これも法師温泉の特徴。全国でも20カ所ほどの珍しい足元湧出の温泉です。枕木に頭をのせてゆっくりつかると、体の芯から温まりました。

本館1階には1年中火を絶やさない囲炉裏が。茶釜を囲みながら見知らぬ者同士の会話が弾みます。

夕食メニュー(イメージ)。お刺身はギンヒカリやコイ、ゆばを使用

最高級のニジマスと麦豚しゃぶしゃぶ

食事は地元の食材を多く使った里山料理です（メニューは季節により変わります）。お造りは海なし県らしく川魚。訪れた日は、ギンヒカリとイワナのコンブ締めでした。ギンヒカリは県の特産で、最高級のニジマスです。県の水産試験場川場養魚場（現・川場養魚センター）で育てた品種で、大量養殖は難しいとのこと。身が締まり、滑らかな舌触りでした。

鍋物は麦豚しゃぶしゃぶ。麦豚は、動物性飼料の代わりに麦類がメインの飼料で育てられた豚です。昔から麦の栽培が盛んな群馬県では、庭先で豚を飼育していたころから麦類の飼料が使われてきたそうです。肉の臭みが少なく、さっぱりした風味です。

朝食には私の好物の温泉卵も。ふっくらと炊き上がった香り豊かなご飯にかけると、卵のコクとご飯のうま味が引き立ちます。お米は契約農家で収穫された新潟県魚沼産と、地元農家のコシヒカリを、法師川最上流から取水する自家水源の清水で炊き上げています。

周囲に観光名所はありませんが、温泉三昧と自然が織りなす敷地内を下駄でのんびり散策するだけで、心も体も満たされます。ああ、やっぱりかつての湯治宿の風情にひたれる温泉は日本の宝だ！　法師温泉長寿館に泊まって、その思いを強くしました。

チェックアウトの朝、小雨で辺りが霞むなか、山あいにたたずむ法師温泉長寿館は幻想的でした。

DATA

●住所	群馬県利根郡みなかみ町永井650
●電話	0278-66-0005
●交通	JR上越新幹線上毛高原駅からバスで猿ヶ京へ、乗り換えて法師温泉下車すぐ（バス便は少ないため要確認）。関越自動車道月夜野ICから国道17号、県道法師線経由で約40分
●宿泊料金	1泊2食付き1万9950円〜（税・入湯税込み）
●部屋数	34室
●日帰り入浴	おとな1500円。11〜14時（受付は13時30分まで。湯殿は法師乃湯と長寿乃湯のみ。水曜日定休のほか不定休あり）

温泉の特徴

●泉質　カルシウム・ナトリウム－硫酸塩温泉／単純温泉

9

神奈川県・箱根湯本温泉

養生館 はるのひかり

「温泉と食での養生」がコンセプトの連泊宿

浴槽が三つに区切られた2階の湯殿。山を望む大きな窓が開放的

読書しながらゆっくりつかれる温泉

「養生館 はるのひかり」は宿名のとおり、「温泉と食での養生」をコンセプトとした逗留《とうりゅう》（連泊）宿です。かつて箱根越えの宿場としてにぎわった旧東海道沿いに、古民家のたたずまいで出迎えてくれます。

ツインの和洋室で感激したのは、個室の書斎が付いていたこと。書斎のデスクから窓の外に目を向けると、正面に山々の尾根が広がり、心身ともに解放されました。

お風呂は1階と2階に一つずつあり、男女入れ替え制です。2階の風呂は浴槽が三つに区切られ、湯口から熱い湯、普通の湯、ぬるい湯が選べるようになっています（1階の浴槽は熱めとぬるめの二つです）。

どちらのお風呂も源泉かけ流しで、湯は無味無臭・無色透明。刺激がないので滞在中、何度でも入りたくなります。

湯殿はモルタル造り。岩風呂などと違い、肌に当たる感触がやわらかで、心地よさを感じます。山を眺められる大きな窓は、春から秋の間は取り外され、半露天風呂になります。

脱衣所には「水に濡れてもいい本」が置かれていました。湯船につかり、読書をしながらゆっくりと温泉を堪能できるようにとの配慮です。

神奈川県・箱根湯本温泉
「養生館 はるのひかり」

夕食の一例。自家製豆乳ソースのサラダ、黒胡麻豆腐、葛豆腐の揚げ出し 煮おろし餡など

ぬるい湯につかり、久しぶりに手にした名作を読みすすめていくうちに、汗がじわじわと出てきます。静寂が心地よく、瞑想までしました。

無農薬・露地栽培にこだわった玄米菜食

食事処は中庭に面しています。食事は朝夕ともに、玄米と野菜が中心の「養生食」で、無農薬・露地栽培にこだわっています。動物性のものはかつおだしだけですが、コクがあり、満足感が得られます。

夕食は発芽玄米、朝食は雑穀入りご飯が定番です。夕食の総カロリーは500カロリー未満に、朝食は370カロリー未満に抑えられています。

夕食の献立に「畑のごちそうサラダ」と書か

れた生野菜サラダは、サニーレタスやルッコラなどに、紅色をした紅芯大根などの珍しい野菜を10種類ほど盛り合わせた宿自慢の一品です。小田原の老舗豆腐店の豆乳に、ゴマと生じょうゆを合わせたオリジナルソースが、野菜本来のうま味を引き立てていました。

朝食に出てきた納豆は、農業大学で発酵のメカニズムを学んだ米山雄二郎さん（湯守り兼支配人）の発案で、人工培養の納豆菌を使わずに、近隣農家から手に入れた稲わらを使って発酵させる「藁苞《わらづと》納豆」です。大豆のコクや甘味が堪能できます。

米山さんはハーブの育て方を学んだ経験もあり、現在、野菜とともにハーブも自家栽培しています。珍しい品種の野菜は自家採種も。

宿は養生を旨としているため、12歳以下の子どもは利用できない、午後9時が門限、館内はすべて禁煙、日本在住の人に限る、グループは4人までといった制約もあります。

DATA

- 住所　神奈川県足柄下郡箱根町湯本554
- 電話　0460-85-5641
- 交通　箱根湯本駅から旅館組合の乗り合いバスで約5分。国道1号線三枚橋交差点から約1・3㎞
- 宿泊料金　1泊2食付き1万3600円～
- 部屋数　14室（1人部屋洋室3、和室5、和洋室ツイン6）
- 日帰り入浴　なし

温泉の特徴

- 泉質　ナトリウム・カルシウム-塩化物・硫酸塩温泉
- 湧出状態　自家源泉と共同源泉の混合泉　●泉温　約54度

10

新潟県・出湯《でゆ》温泉

清《せい》廣《こう》館《かん》

開業300余年のラジウム泉と蒸気を吸うことで効能アップ

外観。昭和3年に竣工

湯上がりに各自でふたをして、自家源泉を守る

新潟県北部、五頭《ごず》山麓に広がる五頭温泉郷の一つである出湯《でゆ》温泉。ラジウム泉で、弘法大師ゆかりの湯として越後最古の伝説が残っています。

境内に共同浴場がある全国的にも珍しい華報寺《けほうじ》の参道両脇に3軒の湯宿が残っています。寺の真向かいにたたずむ「清廣館《せいこうかん》」は、国登録有形文化財の木造3階建て。江戸中期（1707年）に開業し、昭和3（1928）年に宮大工が建て直して、現在のたたずまいになりました。当時の風情を大切に保ちつつ、1階部分は木調を生かした和モダンに改装されています。

自家源泉のラジウム泉は湯量が豊富なわけではなく、適温に保つためには加温も必要です。そこで、嘘偽りのない温泉を肌で感じてもらおうと、湯殿にはこんなメッセージが掲げられていました。

「母なる大地からの贈りもの〝温泉〟を未来へと守り続けるために、当館では過度に源泉をくみ上げたりはいたしません。限りある湯量のなか、温泉保全、温度保温のために湯船に、薄く軽いふたをかけております」

つまり、湯上がり時に各自、湯船にふたをして上がる宿なのです。

タイル張りの湯殿に入ったとたん、温泉の不思議なエネルギーを感じました。無色透明・無味無臭の澄みきった湯。適温に加温した源泉はなるべく冷めないよう、湯船の下から放出する仕組み。加水

夕食の一例。先付（ゴマ豆腐、カモ燻製、イカ塩辛）、小鉢（自家製刺身こんにゃく）、向付（カンパチ、ナンバンエビなど）

も塩素消毒もなしの非循環のかけ流しです。

五頭温泉郷では環境を考慮し、純植物性のボディーソープなどの使用を徹底しています。

湯治宿として発展したほかの五頭温泉郷の宿同様、ラジウム泉の効能に期待して療養をする人も少なくありません。

蒸気を吸うことで効能も増すラジウム泉。ふたをするとき、自然に「ありがとう」とつぶやいていました。やわらかで芯からリラックスできる、ぬるめの湯でした。

量は少なめ、品数多めの夕食

女将特製の料理は、地元産の天然ものがよく生かされています。わが庭のように慣れ親しんだ近くの山に自生するきのこや山菜を自らとり、ていねいに下ごしらえします。素材の力を引き出すことを第一に、「素にして贅《ぜい》なるもの」を心がけているため、濃い味付けはしていません。

夕食の食前酒も山に自生するマタタビ科のサルナシのお酒。メニューを見ているだけで楽しみなひとときでした。盛り付けがすてきで、量は少なめですが品数が多く、食いしん坊にはたまりません。

ブナハリタケと季節野菜の炒め煮、茶そば、イワナ塩焼き……。これらの滋味深い料理を手がけている女将をひと目拝見したかったほどです。

ご飯は地元産の有機米をその都度精米し、七分づきに。みそも梅干しも自家製です。

出湯温泉から数kmの瓢湖《ひょうこ》は白鳥の飛来地として知られています。若旦那の加藤孝英さんの「ぜひ」のひと言で向かった瓢湖では、数千羽の白鳥の群れが飛び立つ風景が圧巻でした。

DATA

●住所	新潟県阿賀野市出湯802
●電話	0250-62-3833
●交通	JR羽越本線水原駅から市営バス(1日数本)で約25分、出湯温泉下車すぐ。磐越自動車道安田ICから約15分
●宿泊料金	1泊2食付き1万4450円～(税・入湯税込み)
●部屋数	和室7室(コロナ対策のため半数使用)

※アレルギーなど、食事への希望は予約時に申し出れば可能な限り対応。全館禁煙

温泉の特徴

●泉質　単純弱放射能泉　●湧出状態　自噴　●泉温　30.6度

11

富山県・黒薙《くろなぎ》温泉

黒薙温泉旅館

トロッコ電車でしか行けない秘境の一軒宿

黒薙川に面した混浴の大露天風呂（宿泊のみ。女性専用タイムあり）

慢性消化器病に効く源泉

宇奈月《うなづき》温泉からトロッコ電車で、日本一深いV字峡谷を縫うように走ること約25分。江戸時代初期、近在の村人によって発見された黒薙《くろなぎ》温泉は、7km下流の宇奈月温泉街すべての宿に湯を提供しています。黒部ダム建設作業の過酷さにも思いをはせつつ、眼下を流れる黒部川の清流に見とれました。

トロッコ電車でしかたどり着けない「黒薙温泉旅館」は、木造2階建ての簡素な一軒宿です。黒薙駅から山肌に沿った起伏のある細道を山野草を愛でながら600mほど歩き、薬師堂を横目に階段を下った谷間の崖上にあります。テレビのない部屋で、黒薙川の豪快な川音にひたり……。五感を回復できる宿です。

大露天風呂（混浴）は宿を出て、黒部川最大の支流・黒薙川の上流方向に2分ほど行った河原に面しています。天然石で造られた湯船は約28畳。底にも黒部川の岩石が敷かれ、野趣にあふれています。すぐそばに湧く源泉は約90度。湧出量は毎分2000ℓというから驚きです。付近には源泉が湧出する場所が複数あり、かすかに硫黄のにおいがしますが、源泉の成分から硫黄は検出されていません。湯は無色透明です。

1階の廊下を抜けて屋外の階段を降りた露天風呂からは、切り立った崖を流れ落ちる滝や、電力会社の温泉送湯用の吊り橋を眺めることができます。

夕食の一例

露天風呂はどちらも、源泉に水を混ぜて適温にしたかけ流しです。内風呂（男女各1カ所）は熱交換器で適温を保っているので、源泉100％です。シャワーも源泉。源泉は飲用もでき、慢性消化器病によく効くそうです。

露天風呂は午後8時までで、内風呂は24時間入浴できます。外灯が宿と大露天風呂までの道筋以外にはないので、10月下旬〜11月上旬の紅葉シーズンに露天風呂を楽しみたい方は、日が落ちるまでの時間帯がおすすめです。

地元のお母さんたちが作る山菜料理

夕食と朝食は食堂でいただきます。イワナの塩焼きが宿の名物ですが、事前に伝えれば変更もできます。全国でも有数のコンブ消費県・富山らしく、クロカジキとサーモンの刺身はコンブ締めに。コンブのうま味が刺身にしみて美味です。ご飯は黒部川扇状地の伏流水で育ったコシヒカリです。

この土地ならではの野生の香りが楽しめる山菜料理は、地元のお母さんたちの手作りです。山菜の季節に1年分を摘み、塩漬けにして保存。調理する前日に塩出しして銅鍋で煮て、元のきれいな緑色をよみがえらせています。その後、浸水して完全に塩を抜きます。

宿泊した翌日の朝食は、干しガレイ、源泉で炊いた温泉豆腐と温泉卵、コゴミのお浸し、ワラビのコンブ締めなど。

厨房にいたスタッフが語った「この宿に勤務し始めたころ、これほどまでできあいの食品を使わず、食事を提供する宿があるのかと衝撃を受けました」ということばが心に残りました。

「お母さんたちの存在もこの宿の自慢」。そんな思いが伝わる宿です。

中部

DATA

●住所	富山県黒部市宇奈月町黒薙
●電話	0765-62-1802
●交通	黒部峡谷鉄道宇奈月駅(富山地方鉄道宇奈月温泉駅から徒歩5分)からトロッコ電車で黒薙駅下車、徒歩約20分
●宿泊料金	1泊2食付き1万1150円～(税・入湯税込み)
●部屋数	15室(全室和室、布団は自分で敷く)
●日帰り入浴	おとな800円。9時～15時15分

※ 営業期間は5月上旬～11月下旬ごろまで(冬期は閉鎖)。チェックインは16時まで

温泉の特徴

●泉質　弱アルカリ性単純温泉　●湧出状態　自然湧出　●泉温　約90度

12

山梨県・増富《ますとみ》ラジウム温泉

ホテル不老閣

ラジウム源泉の天然岩風呂

「不老の湯」のほか、「天然岩風呂」(写真右上)も。

成分が酸化しない貴重な〝恩泉〟

「医者が推奨する温泉」とうたう増富《ますとみ》ラジウム温泉。かつて、武田信玄が現在の増富地区から4km上の金山で金を採掘していた折に発見したと伝えられています。その温泉郷の中心あたりに位置する「ホテル不老閣」には、先々代が大正2（1913）年に発見した特別な源泉「天然岩風呂」があります。

不老閣には天然岩風呂のほかに、内湯の「不老の湯」「長寿の湯」、貸切風呂「ラジウム水晶風呂」などの湯船があり、敷地内に湧き出る五つの源泉を100%かけ流ししています。

天然岩風呂は、敷地の裏手にある坂を5分ほど登った山あいにあります。3代目・八巻秀夫社長は、「岩風呂は、湯船である岩盤の真下から源泉が自噴しているので成分が酸化せず、さらに湯船の上部が大きな岩で覆われ、放射線も逃げにくい。このような温泉は全国でも貴重だと思います」と言い、この自然の恵みを〝恩泉〟と命名しています。

内湯の「不老の湯」と「長寿の湯」（いずれも男女入れ替え制）は、ホテルの地下にあり、泉温は約30〜36度。地下40mから自噴しています。

特筆すべきは「不老の湯」の浴室内に備えられたラジウム蒸気吸引室。3畳ほどの広さに4〜5人が座れる長い椅子が1台置かれています。室温は45度、湿度は70%。ラジウム泉をサウナ石にかける

中部

手作りこんにゃくや切干大根など、田舎の素朴な食材を使った体にやさしい料理

ことで蒸気を発生させています。「蒸気は椅子の下からも出て、呼吸器疾患の方にも喜ばれています」（八巻社長）。

内湯で体を慣らしたあと、いざ天然岩風呂へ。岩風呂の泉温は19～22度。最初は「冷たい！」とひるみますが、肌への刺激がなく、徐々に気持ちよくなりました。温かい上がり湯の湯船に入ってから、別の冷たい源泉をかぶると、さらに爽快で気力が高まるのを感じました。

大病を患った人が定期的に訪れたくなる〝恩泉〟とはいえ、坂を歩いて登らなければたどり着けず、欲張っては無理が生じます。

食事療法をとり入れた料理

食事療法の知識をもつ女将は、宿で提供する野菜類を近隣の農家から仕入れています。旬の野菜をふんだんに使ったメニューを心がけており、私が宿泊した日の夕食はカツオのたたき、揚げゆばの蟹あんかけ、甘めのみそ味で仕上げたサツマイモのすいとん。おかわりしたいほどのおいしさでした。

ロビーの掲示板に「健康豆知識　グルテンフリー(小麦粉など、グルテンを含む食品を摂らない食事のこと)って何がイイの?」と書かれたメッセージがあったのを思い出し、女将にすいとんの材料を聞くと、「米粉」とのこと。最近では、豆乳で作られたソイバターなども活用、乳製品の摂取を控えている方々に喜ばれているそうです。

入浴効果はもちろん、食事の面でも免疫力を高めること。来館者の健康づくりを総合的にサポートしている宿だと感じました。

中部

D A T A

●住所　山梨県北杜市須玉町小尾6672
●電話　0551-45-0311
●交通　ＪＲ中央線韮崎駅から増富温泉行きバスで約50分、終点下車、徒歩2分。中央自動車道須玉ICから増富ラジウムライン経由で約30分
●宿泊料金　1泊2食付き1万3350円～
●部屋数　全32室
●休憩プラン　10～15時。1名3500円。お部屋でご休憩いただくプランで、ご希望の日程の1週間前からのご予約受付になります。

温泉の特徴

●**泉質**　含二酸化炭素ーナトリウムー塩化物・炭酸水素塩泉(高張性中性低温泉)　●**湧出状態**　自然湧出　●**泉温**　約17～36度(真湯の上がり湯は約41度)

13

山梨県・裂石《さけいし》温泉

雲《うん》峰《ぽう》荘《そう》

胃腸病に特効性あり「飲んでよし」の源泉

林業と石材業を営んできた先代が造った混浴の露天風呂

塩山御影石で造られた露天風呂

「雲峰荘《うんぽうそう》」は秩父の山懐・大菩薩峠の登山口にたたずむ一軒宿です。創業は1979年。雲峰寺の住職のひと言が縁で、登山客に開放していた敷地内に湧き出る冷泉を一般客にも開放したのが始まりです。

チェックインは午後2時。ロビーでは、自家栽培したお米や野菜などが販売されています。エントランスで近くの農家が手がけたプラムを箱詰めしていた女将の娘さんが、「このプラムは『貴陽《きよう》(*1)』といいます。食事のときにお召し上がりください。露天風呂は混浴ですが、いま、男性は入っていらっしゃらないようです」と教えてくれました。

まずは、目の前を流れる重川《おもがわ》の橋を渡って、別棟の露天風呂へ。女性には湯浴み着も貸し出していま
す。木々に囲まれた広めの湯船は大きな塩山御影石で造られ、2本の石柱に御影石の一枚岩をのせ、屋根のあるようにした一角もあります。

露天風呂に映るのは、まばゆいばかりの樹木たちと、抜けるような青空。ちょうどいい湯加減で、渓流の豪快な水音を聞きながら、森林浴もできました。

ひと休みしたら、今度は内湯へ。冷たい源泉の湯船と、加温した湯船があります。前者は源泉が自噴する花崗《かこう》岩の岩盤をそのまま利用した造りで、岩肌の割れ目からも源泉が流れ落ちています。

朝食の一例。高級地鶏「アロウカナ」の生卵、手作りの刺身こんにゃく、イワナの干物、インゲンのごまあえ、味噌汁、80代の女将が漬けた糠漬けなど

源泉は、胃腸病などにも特効性があるという「飲んでよし」の〝霊泉〟。竹筒で飲みつつ、加温の湯船と交互につかりました。pH9・9で、肌がツルツルに。じっくりと冷たい源泉に入ったあとの体がポカポカとする感覚もたまりませんでした。

お酒に合う イワナの骨の素揚げも

夕食前に、地元産のブドウで作った甲州ワインをテイスティングできます。なかには手に入りにくい銘柄も。ワインの説明をするスタッフは、もとはこの宿の常連客で、温泉と自然とこの宿がすっかり気に入り、移住したそうです。

食事は、自家農園と近隣農家の食材にこだわった料理が特徴です。お造りはとろりとした舌触りの甲斐サーモンと、名水とブドウの果皮で養殖した大型のニジマスで、県の特産品に認定された絶品です。

焼いたイワナも美味。イワナの骨の素揚げはお酒に合う珍味でした。すまし汁に入ったそばの実も自家製。ウドやコゴミなどの山菜5点盛りは、女将の家族やスタッフが摘んで塩漬けし、保存したものです。手がかけられた料理は、どれも滋味深い味わいでした。

朝食は8時から。広間中央にはおかわり自由の黒米のおひつ、冒頭の高級プラムなどが置かれています。近隣の養鶏場から仕入れる生卵は、チリ原産の高級地鶏「アロウカナ」の卵(＊2)。レシチンが多く、ふっくらと持ち上がった黄身、粘りのある白身を味わいました。イワナの干物も珍しい一品でした。

宿の敷地には保護犬がいます。「また来るね」と犬の頭をなで、不思議な安堵感のある宿をあとにしました。

＊1：山梨県で誕生したすもも。甘味が強くて酸味とのバランスも良く、果汁が豊富。
＊2：中世から純血のまま現在に至っている世界的にも珍しい青色の卵。

中部

DATA

●住所	山梨県甲州市塩山上萩原2715-23
●電話	0553-32-3818
●交通	JR中央本線塩山駅から大菩薩の湯行きバスで約25分、大菩薩峠登山口下車、徒歩5分（送迎は要問い合わせ）。中央自動車道勝沼ICから国道411号経由で約80分
●宿泊料金	1泊2食付き1万円～（税・入湯税別）
●部屋数	7室（和室のみ。トイレ・洗面台は共有）
●日帰り入浴	現在、実施なし

温泉の特徴

●泉質　アルカリ性単純泉　●湧出状態　自噴　●泉温　約26度

14

長野県・来馬《くるま》温泉

風吹《かざふき》荘

「身土不二《しんどふじ》」をとり入れた絶品料理

1階の階段を20段ほど降りた場所にある湯殿。宿泊客は15時～翌朝8時まで入浴可(入れ替えなし)

とうとう流れる源泉

北アルプス最大の湖・風吹大池への登山口にある来馬《くるま》温泉。一軒宿の「風吹荘《かざぶきそう》」は、「塩の道」（国道148号）の道標がある分岐点を蛇行する姫川沿いを歩いた先にあります。標高の高い山々に囲まれた山里に建ち、近くからは列車を見下ろすこともできます。

入口の案内チラシを手に取ると、「健康のために地元でとれたもの（土）、季節のものを食べる、薬膳の基本『身土不二《しんどふじ》』（＊1）―。地元で自然の恵みをたっぷり受けた米、野菜・山菜、日本海から直送の海の幸をお楽しみください」と綴《つづ》られていて、期待が高まります。

湯殿は内湯が男女一つずつ。湯船は数人がゆったり入れる大きさです。扉を開けたとたん、とうとうと流れる湯の量に目を見張りました。温泉成分が沈着した床は茶褐色に変色し、少し凹凸も。わずかに金気臭と硫黄臭がします。若干、赤みを帯びた湯には湯の花が浮かんでいます。

源泉は風吹荘から数百m離れた「道の駅 小谷《おたり》」近くにあります。約35度の成分が濃い源泉と、約75度の同じ泉質の源泉の2本をブレンドして適温にしています。

大きな窓からは姫川と対岸の山々が見渡せます。「内湯からのこの景色も癒やされるなあ」と湯船につかっていると、皮膚に気泡が付いていました。湯あたりはやわらかく、湯上がり後も保温力が続きます。温泉好きでなくても、「ああ～、いい温泉だ」と感じられること請け合いです。

手打ちそば

日本海でとれる新鮮な魚介、手打ちそば

厨房と隣り合わせの食堂には、一枚板のテーブル席が5卓。ご主人の江蔵《えぞう》武史さんが料理を担当しています。

この日の夕食は新鮮な真鯛を使った刺身と塩炙り寿司、ハマグリがまるごと一つ入っていて、だしが効いている茶碗蒸し、カワハギのアラでだしをとり、潰した肝も入った鍋などでした。

日本海まで車で30分。新鮮な海の幸も楽しめます。締めには地元・小谷産のそば粉でご主人が打ったそばが味わえます。つゆは利尻コンブと本枯かつお節を使用。おかわりもできるというサービス付きです。

季節によっては、この村でとれたイノシシや鹿の肉もメニューに並びます。みそとニンニクが効いたイノシシの唐揚げや、鹿肉ステーキが提供されるそう。「こういう料理もあるのかって、毎回飽きないですね」と、リピーターのシニアの男性が満足気に話していました。

風吹荘の食事はネットの口コミでも「料亭並み」「1万円ほどの宿泊費で大丈夫ですか」など、高評価を受けています。じつはご主人、かつて首都圏の料亭で板前をしていました。食堂の書棚には「国際薬膳食育師認定書」が掲げられていました。

温泉の良さはもちろん、朝夕の料理の質の高さにも驚く宿です。

*1：その土地でその季節にとれたものを食べるのが健康に良いという考え方。

中部

D A T A

●住所　長野県北安曇郡小谷村北小谷1283-1
●電話　0261-85-1144
●交通　JR大糸線北小谷駅(無人駅)から徒歩約8分。安曇野ICから国道148号経由で約90分、糸魚川ICから約30分
●宿泊料金　1泊2食付き1万500円～(税・入湯税込み)、素泊まり可6500円～
●部屋数　4室(全室8畳広縁付きの和室)*現在、宿泊は金・土・日曜のみ
●日帰り入浴　おとな500円、子ども300円。土・日曜の12～17時

温泉の特徴

●泉質　ナトリウム-炭酸水素塩、塩化物泉　●湧出状態　掘削　●泉温　約75度の源泉と約35度の源泉をブレンド

15

長野県・中棚《なかだな》温泉

中棚荘

藤村ゆかりのもてなしの湯宿

江戸末期の古民家を移築した食事処「はりこし亭」。建物の柱には小諸城址内にある懐古園のケヤキが使われている

リンゴの甘い香りで、心身の緊張がほぐれる

中棚温泉《なかだな》「中棚荘」は、小諸城址《こもろじょうし》から歩いて10分、千曲川《ちくまがわ》沿いの高台にあります。小諸義塾の教師として赴任してきた島崎藤村が足しげく通い、「岸近き宿」とうたったのが中棚荘です。「平成館」と「大正館」（旧館）と別邸（食事処「はりこし亭」）からなり、大正館から廊下伝いに下ると湯屋があります。

畳敷きの脱衣所には、湯殿の間を仕切る壁やガラス戸がありません。両方が一体化されたあつらえと、湯殿の大きな窓に気分が解き放たれます。柱や梁には巨木が使われ、自然のぬくもりに包まれます。

泉質はほぼ無色透明のアルカリ性単純泉で、トロッとした肌触りです。ひのきの湯枕が横たわる湯船には5月下旬まで、地元産の赤いリンゴが浮かべられます。甘い香りが漂い、心身の緊張がほぐれていくのを感じました。

木々に囲まれた露天風呂は源泉かけ流し。地下600mからくみ上げた自家源泉をもっています。竹筒から源泉が流れ落ちる様子は風流です。

源泉は飲むと胃の粘膜に弱い刺激を与える成分が含まれ、慢性胃腸病や飲み過ぎた朝に良いとされています。クセがなく、料理にも使われています。

朝食の一例。麦とろ飯、カレイの西京漬け、温泉卵など。ドリンクは果汁100%のリンゴジュースかヤギの生乳が選べる

信州みそのうま味が染みわたるみそ汁

車で10分。御牧ケ原《みまきがはら》台地に約1・5ヘクタールの中棚荘専用の農場があります。旅館のスタッフが完全無農薬で肥料もほぼ使わず、除草剤もまかずに野菜を育てています。

とくに、この辺りが産地の「白土馬鈴薯」「白いも」と呼ばれるジャガイモは、白くねっとりとした食感とうま味が特徴です。

千曲川流域はブドウの産地でもあります。ワイン好きで、2013年にはワインソムリエの資格を取得した5代目荘主・富岡正樹さんが、農場の半分を使ってワイン用のブドウを栽培しています。

夕食時に注文すれば、「中棚」のラベルが貼られたワインを楽しむこともできます。赤白ともに委託醸造のオリジナルです。「酸もしっかりある白ワインの中棚シャルドネは、和食にもよく合います」（富岡さん）。

夕食は地場産の食材を使った揚げそばがきのあんかけや、酒粕仕立ての鶏の鍋物、釜飯などの和風創作会席。箸が止まりませんでした。

朝食は定番の麦とろ飯のとろろ汁。ナガイモとヤマトイモのブレンドで、だし汁にもひと工夫が加えられています。それにみそ汁！　天下一品の味です。大ぶりの椀に薄揚げ、こんにゃく、焼きナス、シメジなど具だくさん。信州みそのうま味が体に染みわたります。

中棚荘は島崎藤村が残したことば「もっと自分を新鮮に、簡素に」をそのままコンセプトにした「丹精込めたもてなし」の心が伝わる湯宿です。

DATA

●住所	長野県小諸市古城乙1210
●電話	0267-22-1511
●交通	しなの鉄道小諸駅からタクシーで約5分。上信越自動車道小諸ICから国道141号経由で約4km
●宿泊料金	1泊2食付き1万1566円～
●部屋数	和室21、和洋室6
●日帰り入浴	1000円

温泉の特徴

●泉質　アルカリ性単純泉　●泉温　約39度

16

長野県

初谷《しょや》温泉

胃腸の名湯「宝命水」全国ブランドの佐久鯉料理も

瀟洒《しょうしゃ》な木造2階建て

源泉を飲むのは、入浴しながらゆっくりと

湯治宿の歴史をはぐくんできた「初谷温泉」は、群馬県との県境に近い妙義荒船佐久高原《みょうぎあらふねさく》国定公園内の山峡にあります。

宿の創業は明治18（1885）年。初代が裏山で発見した湧き水を病床の母に飲ませたところ、快方に向かったのが起こりです。源泉は「宝命水」と命名され、お茶代わりに飲み続けて胃腸が丈夫になったという人が後を絶たず、胃腸の名湯として親しまれてきました。

初谷温泉では、空腹状態で入浴しながらゆっくりと源泉を飲むことをすすめています。建物から1、2分の源泉口に行き、手持ちの容器か宿で貸し出すビンにくみ、湯殿にもち込みます。

源泉口は建物裏手の小さな橋の先、石段を数段下がった場所にあり、宝命水にちなんだ観音像が見守るように安置されています。

金属のふたを外すと、二酸化炭素ガスが溶け込んだ源泉が岩盤の裂け目からプクプクと泡を出しています。ひしゃくでくみ口に含むと、塩気鉄分を含んだ複雑な味。炭酸の泡が弾けて、天然のサイダーのようでした。

初谷川に面した男女別の湯殿には、二つずつ湯船があります。2km先の山あいの清水を沸かしたさら湯の湯船と、炭酸成分の効果を生かすためにぬるめに加温された源泉の湯船です。

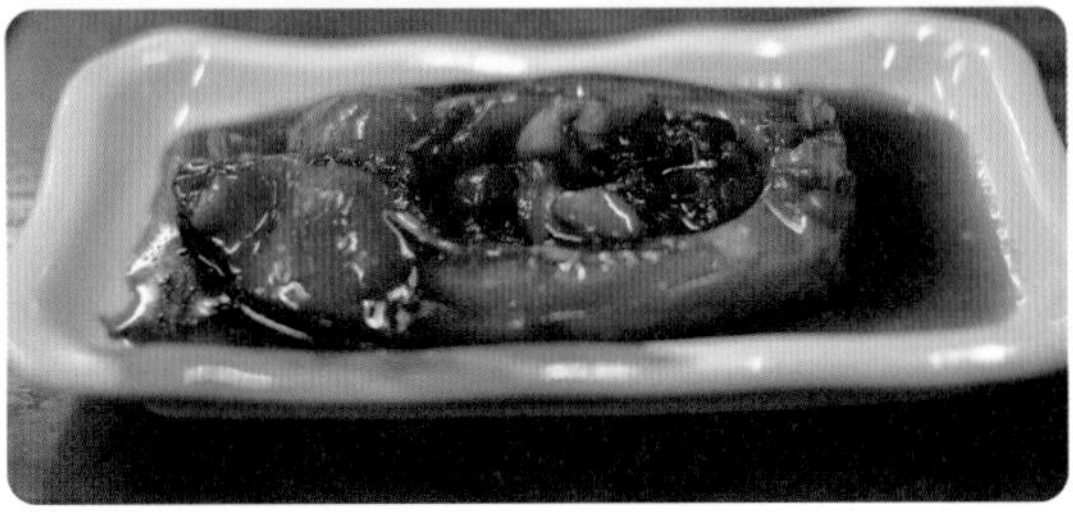

夕食・朝食の一例

温泉の成分は濃いものの湧出量が少ないため、かけ流しではなく、湯量が減ると自動的に足される仕組みになっています。源泉は無色透明ですが、空気に触れて赤褐色になります。

かつて「塩谷鉱泉」と呼ばれた源泉は、その名のとおり塩分が多く、血管を拡張する炭酸成分が体をじわじわと温めます。

湯船につかり、ちびちびとお酒を楽しむように宝命水を味わいました。

佐久鯉の刺身やクリの渋皮煮

令和3年に改修した館内は木材を生かした、落ち着きのある和モダンの雰囲気です。食事処は椅子席。テーブルの間隔が広くとられ、ゆったりとした空間でいただけます。

地場産の食材を品良く調理した料理は口コミでも好評で、楽しみでした。夕食はかりん酒の食前酒とクリの渋皮煮、合鴨スモーク、リンゴとチーズなどの前菜、メインディッシュは全国ブランドとして名高い佐久鯉の洗い（刺身）や旨煮、イワナの塩焼き。なかなか食べる機会のないコイの洗いは臭みがなく、驚きました。身が締まり、脂も程よくのっていました。

朝食は端に置かれがちな生野菜のサラダが、白地に藍色をあしらった大きな器に盛られて中央に。おしゃれな配膳に、思わず写真を撮りました。信州サーモンの塩焼きや信州産リンゴジュースなど、地場産の彩りに、だし巻き卵やシメジの朴葉みそ焼きなどの味付けも好みでした。

冬季は希望すれば、源泉で炊く「源泉がゆ」もいただくことができます。

中部

DATA

●住所　長野県佐久市内山352-イ-1
●電話　0267-65-2221
●交通　JR小海線中込駅下車（送迎あり。要予約）。関越自動車道佐久ICから国道254号経由で約40分
●宿泊料金　1泊2食付き1万8850円〜（税・入湯税込み）
●部屋数　7室（3部屋は和洋室）
●日帰り入浴　コロナ禍で不可

温泉の特徴

●**泉質**　含二酸化炭素-ナトリウム-塩化物・炭酸水素塩冷鉱泉　●**湧出状態**　自然湧出　●**泉温**　約14度

17

岐阜県・湯屋温泉

奥田屋

炭酸泉の飲用で効能を実感する声が多数

湯殿は男女別の内風呂が一つずつ。男湯には源泉を注いだ冷泉も

源泉100％の濁り湯

御嶽《おんたけ》山麓の高山と下呂《げろ》。その山あいに位置する小坂町に、湯屋温泉はあります。全国でも有数の炭酸ガス濃度を誇る「ラムネの湯」（炭酸泉）。湯屋温泉は創業300年余になる「奥田屋」の先祖が、山あいに湧く冷泉を発見したのが始まりです。近年、炭酸泉は血管を拡張させる作用が高いと、医療関係者の間でも注目されています。

奥田屋の玄関脇に立てられた看板「癌《がん》封じ 薬師堂 この上」の文字に誘われて神社の階段を上ると、室町時代に胃腸病を患った武将・奥田孫左衛門がこの源泉を発見したと記した案内板がありました。宿には寛文元（1661）年、江戸から湯治に訪れた人物による記録「湯文」が受け継がれていました。

「湯文には、後世の人のために飲泉する効能までこと細かに記されています。源泉は、いまはポンプで上げていますが、私が子どもの時分は、宿のすぐ裏手にある大洞《おおぼら》川の河原で自噴していました。鉄分が多いので、川岸が赤くなっていました」（ご主人の奥田省二さん）

胃がんを患った人が定期的に飲んで快癒した、女性が飲用を続けて貧血の症状が軽くなったなど、効能を実感する声が絶えない源泉です。

玄関脇にある飲泉所で飲んでみました。炭酸味に塩分と鉄分が加わった複雑な味の冷泉です。

夕食の一例。大洞川養魚場のイワナの刺身、飛騨牛のホオバみそ、フキノトウなどの天ぷら、手打ちそば、そば粉100%のそばがき（タレは地元特産物のエゴマ）など

奥田屋には内風呂が男女一つずつ。ともに、赤茶色をした湯の花の析出（*1）がある源泉100%の濁り湯で、熱交換で適温にしています。

ホオバみそと温泉粥が自慢

ご主人が腕を振るう食事は、イワナのお造りやホオバみそ、手打ちそば、そばがきが自慢です。夕食はホオバみそにくるまれた地元の名産・飛騨牛がメインディッシュでした。

手打ちそばのそば粉は、宿の近くのそば畑で自給していましたが、いまは長野県開田高原の石臼挽きの粉を仕入れ、そば打ちはご主人が中心になっておこなっています。そばの香りは、たちまちファンになってしまうほど豊かです。

食前酒は自家製の「飛騨小坂のどぶろく 滝

乃郷」。奥田さんがどぶろく造りを思いついたのは、「地元の仲間たちと手がけて、地域の活性化につなげたい」という願いからでした。2012年、下呂市内で「どぶろく特区」第1号に認定されました。

朝食は、源泉で炊いた温泉粥を味わえます。飲んで「おいしい」とはいえない源泉を温泉粥に使うと、ほのかに塩味がし、米のうま味も引き出されるので、不思議です。

奥田屋では、療養したいという方の希望に応えて、自炊できる炊事場を復活させました。自炊プランをチョイスして、自分で温泉粥を作るのも一興です。新鮮な食材は、車で数分の道の駅「はなもも」での購入がおすすめ（温泉粥も販売）。通常プランと同じ部屋が利用できるので、夜は羽毛布団でぐっすり眠れます。

＊1：溶融状態から結晶が分離して出てくること。

中部

D A T A

●**住所**	岐阜県下呂市小坂町湯屋572
●**電話**	0576-62-3006
●**交通**	JR高山本線飛騨小坂駅から車で約20分（送迎あり。要予約）。東海北陸自動車道高山ICから国道41号経由で約45分、中央自動車道中津川ICから約1時間50分
●**宿泊料金**	1泊2食付き1万1000円～、1泊朝食付き6000円、素泊まり5000円
●**部屋数**	和室10　●**日帰り入浴**　なし

温泉の特徴

●**泉質**　含二酸化炭素-ナトリウム-炭酸水素塩・塩化物泉　●**泉温**　約15度

18

静岡県・中伊豆温泉

神代《じんだい》の湯

貴重な「北投石」を使った湯治

別荘地エリアに建つ。浴室棟への渡り廊下のそばには、桜の老樹がそびえる

細胞の活性化を促すミストサウナ

中伊豆の山里に建つ「神代《じんだい》の湯」は「北投石《ほくとうせき》」（＊1）を使った湯治を目的にオープン。うれしいことにチェックインは基本12時です。

ほぼ無色透明・無味無臭の温泉は、加温・加水・循環・消毒すべてなしの源泉かけ流し。pH９・６のアルカリ性、肌をなめらかにするメタケイ酸の含有量も多く、やわらかな湯です。

男女とも同じ造り（入れ替えなし）の大浴場には露天風呂が一つずつあるほか、数人が木床に横たわれる低温のミストサウナを併設。北投石成分を転写（照射）させた源泉が、天井からミスト状に降り注ぐ、神代の湯ならではのサウナです。浴室内に充満したラドンガスを皮膚や口から吸収することで、細胞の活性化を促すというもの。北投石については、研究者らによるホルミシス効果（＊2）の臨床報告もされています。

まずは浴槽に入り、温まってから1回20〜30分のリズムで1日3回、ミストサウナを試すのが良いそうです。全身を包み込むミストは心臓への負担や体力の消耗も少なくてすみ、連泊して何回も入っていたいと思うほど心身が解き放たれます。

北投石の恩恵は、宿泊者専用の貸切風呂（無料）でも体験できます。数人がゆったり入れる湯船に、北投石が入った筒が沈めてあります。

中部

菜食プランの夕食の一例。野菜の天ぷら、シュンギクの白あえなどのほか、芽キャベツ入り豆乳スープも

無農薬野菜を使い 調味料も無添加

神代の湯は、医食同源（＊3）をコンセプトに玄米菜食の温泉宿としてスタートしています。現在は選りすぐりの肉づくし料理などプランも多彩ですが、私は動物性食材不使用の菜食プランを選択しました。

ランチョンマットには、「……田舎料理ではございますが、旬を大切に調味料も防腐剤等の保存料を使用していない無添加のものを使用しております」のメッセージが。塩分量や油量にも気を配る基本姿勢は全プランに共通しています。

野菜はほぼ自家菜園のもので、無農薬で栽培。菜食プランに限り、ビーガン（完全菜食主義）、「無糖」「無塩」アレルギーなどにも細かく対応してもらえます。素朴さのなかに気品があり、滋味あふれる料理の数々でした。ご飯はどのプランも玄米。予約時に申し出れば白米に変更できます。玄米は、東照宮に米を献上している栃木県の杉山農園が宿用の田で作る特別栽培米。朝食では玄米粥も選べます。たっぷりした盛り付けの卯の花にも感激しました。

料理に限らず、館内の水はすべて敷地内の地下100mからくみ出している超軟水の湧き水です。上質のミネラルウォーターの認可も受けているこの湧き水や、食事処に設置してある「北投石ラジウム水」は、容器を持参すれば持ち帰り自由です。

＊1：国内では秋田県の玉川温泉からしか産出されない、微量の放射線を放出し続ける鉱石。
＊2：量が多いと有害だが、微量の場合、人体に生理的な刺激を与え活性化させる現象。
＊3：病気を治す薬も食事もともに生命を養い、同じ源であるという考え方。

中部

D A T A

●住所　静岡県伊豆市梅木367-15
●電話　0558-83-5388
●交通　伊豆箱根鉄道修善寺駅からバスで約10分、八幡《はつま》下車、徒歩約15分（公式サイトまたは電話からの予約のみ、修善寺駅まで送迎あり。要確認）。修善寺道路大仁南ICから約30分
●宿泊料金　1泊2食付き1万円～（税・入湯税別）
●部屋数　8室（全和室）　トイレ・洗面共同
●日帰り入浴　おとな1500円。現在は11～17時（1グループ3名まで）
※ランチ営業休み

温泉の特徴

●泉質　ナトリウム硫酸塩温泉　●湧出状態　掘削　●泉温　51度

19

愛知県・湯谷《ゆや》温泉

はづ木

夕食で使われる漢方食材は十数種

浴槽は内湯とも風情あるヒノキ造り

渓流の眺めが広がる露天風呂

静岡県との県境にある湯谷《ゆや》温泉は、1300年前、鳳来寺を開山した利修仙人によって発見されたという古湯。宇連《うれ》川の両岸に9軒ほどの宿が並んでいます。漢方薬膳料理が味わえる湯宿として知られる「はづ木」は地下1階、地上2階の数寄屋造り。天井が高く、ゆったりとした空間になっています。

ラウンジから目の前に広がる宇連川の渓流を眺めていると、ハスの葉と緑豆のブレンドティーと、消化を助ける山査子《さんざし》の菓子が運ばれてきました。

客室は渓流沿いに5室のみ。食事処はテーブル席のほか、和室の個室もあります。

湯殿は渓流沿いに。内風呂と露天風呂の2カ所（宿泊は部屋ごとの貸切制）あり、露天風呂は目隠しに竹が使われ、足元には小石が敷き詰められています。目線の先には、まるで庭続きのように渓流の眺めが広がります。

お湯はかすかに黄色く濁ったナトリウム・カルシウム－塩化物泉。体の芯から温まり、湯冷めしにくいのが特徴です。湯船の中の赤茶色の浮遊物は、湯の花です。露天風呂では、外気の冷たさが心地よく感じられました。

お風呂の入り口には、懐かしさを覚えるモザイクタイルの流しがあり、ポットに入った五穀茶やユ

紅花入りエビの炒めもの。「お献立」には、「血液循環　肌荒れ・腰痛・肩凝り」とある。器も、中国の宜興《ぎこう》焼きなどを使用

ズ蜜が自由に飲めます。湯上がりに飲んでいると、同様に立ち寄った利用客が、「この宿は昭和の良き時代を思わせる風情があるなあ」とひとり言。同感でした。

真珠の粉を練り込んだ卵白と貝柱の炒めもの

夕食は漢方薬膳料理。「プーアル茶になさいますか。お酒になさいますか」と聞かれたのでお酒をお願いすると、少し温めた3年熟成の紹興酒《しょうこうしゅ》が盃に注がれて登場。中には霊芝《れいし》、クコの実、麦門冬《ばくもんとう》と白人参が入っている珍しい一品でした。

一品ずつ運ばれてくる食事は、料理に添えられた「漢方効能表」を見ながらいただきました。

声枯れに効くという「麦門冬」も、ユリ科の

塊根《かいこん》（養分を蓄えて肥大し、塊状になった根）を乾燥させたものだと知りました。

料理に供される漢方の食材は、なんと約十数種類！　ダチョウ肉の煮込みはしょうゆ味。甘味には、抗酸化作用もある羅漢果、日本では温州みかんの皮で代用されることが多い「陳皮《ちんぴ》」も使われています。マイルドな味で、満足感がありました。

卵白と貝柱の炒めものには真珠の粉が練り込んであるそうで、かすかな塩味がうま味を引き立てていました。真珠の粉は鎮静不眠症などにも使われる漢方だそうです。

締めくくりは、白キクラゲのデザートで、体が温まるタンポポコーヒー付き。12品の料理は、滋味深い味わいでした。

人参酒、クコ酒、霊芝酒など、貴重な漢方をぜいたくに使ったオリジナルの薬用酒も、リーズナブルに味わえます。

DATA

●住所　愛知県新城市豊岡字滝上45-1
●電話　0536-32-1211
●交通　JR飯田線湯谷温泉駅から徒歩2分。新東名自動車道新城ICから約15分
●宿泊料金　1泊2食2名利用1名分22000円～（税・入湯税別）。
●部屋数　5室（和室、和洋室）
●日帰り入浴　食事付き／6500円（税別）

温泉の特徴

●泉質　ナトリウム・カルシウム－塩化物温泉。源泉かけ流し
●泉温　約36度

20

京都府・天然ラジウム温泉

北白川天然ラジウム温泉 えいせん京

ラジウム泉が湧出 料理は源泉を使って サプライズの連続

ラウンジ。冬場には廊下以外、床暖房が入る

ラドン充満の内風呂

京都市内から比叡山に抜ける道筋に建つ「北白川天然ラジウム温泉 えいせん京」。温泉のラジウム含有量は、全国でもトップクラスです。

館内は落ち着いた和モダンな空間で、客室を全5室にし、ゆったりと設計されています。2階のラウンジ（休憩室）にはソファ席と、窓の外の景色を眺められるカウンター席があり、窓からの採光と間接照明のやわらかい光がくつろぎの空間を演出しています。

改装を機に改名した宿名には、「比叡山から湧き出る泉」の意味が込められています。「源泉湧出元《ゆうしゅつもと》」を名乗るのは、初代（3代目のオーナー・藤田恒二郎さんの祖父）が薪用の木を確保するために購入した裏山に湧き出ていた清水が源泉だからです。当時、木を伐採中にけがをした人がその清水で傷口を洗ったところ治りが早く、「お助け水」と呼ばれるようになったそうです。

その後、水質検査をするとラジウムを含んでいることがわかり、クリスチャンだった初代が「神様から授かった恵みだから人のために」と、湯治場にしたのです。

温泉は花崗岩の岩盤に湧出する源泉をパイプで引き、適温に沸かした源泉100％です。小ぶりな内風呂が男女一つずつあり、全客室にも源泉100％の露天風呂が付いています。

無色透明・無味無臭でさらっとした湯。湯上がりに疲れがとれたと実感できます。湯気の中に溶け

朝食の一例。藤田さんが目の前で生ジュース（愛媛産の晩柑）をしぼり、焼きたてのパンをカット

込んだラドンが充満する内風呂は、呼吸疾患にも効果があるとされています。

ミネラル豊富な源泉を使ったオリジナル料理

どの料理も、ホテルや料亭でシェフ修業した藤田さんが腕を振るいます。使う水はすべて源泉です。

藤田さんが20代から影響を受けているという森下敬一医師（血液生理学者。森下自然医学として食事療法を提唱）から、「さまざまなミネラルを豊富に含んでおり、飲み水としても活性酸素を減らす還元作用がある」とお墨付きを与えた源泉です。

宿泊した日の夕食は京都大原の赤ジソ梅酒、鯛の瞬間スモーク、フォアグラと賀茂ナスとサマートリュフの炊き合わせ、あんかけ湯葉ご飯など、色鮮やかで豪華な料理に、デザートが3種も。サプライズの連続です。事前に伝えれば白米を玄米に、肉料理を魚料理に変えることも可能です。

朝食も夕食同様、趣向が凝らされたごちそうを、ゆっくり時間をかけて楽しめます。1人用の土鍋で炊き上げた白米と、小鉢や刺身などが盛られた花籠が登場する和食とともに、ホームベーカリーで焼き上げたオーガニックのフランスパンも出されます。珍しいココナッツミルク入りのバナナジャムが、パンのおいしさをいっそう引き立てます。御所近くの老舗「関東屋」の白みそを使ったみそプリンも人気です。

若いころ、旅行の添乗員も経験した藤田さんは、きっと客の気持ちをくみとることにも長けているのでしょう。真心が伝わる湯宿です。

D A T A

●住所	京都府京都市左京区北白川地蔵谷1-125
●電話	075-781-4525
●交通	京阪三条・出町柳駅から京阪バス比叡山行きで約20分。名神高速道路京都東ICから約25分
●宿泊料金	スタンダード客室1泊2食付き1人2万8800円〜（税込）
●部屋数	全5室（ベッドタイプ。スイート和洋室もあり）
●日帰り入浴	11時〜17時45分（受付終了17時）　おとな1580円。タオル持参※会員券制度、露天風呂付き個室の昼食プラン、昼和膳プランもあり。要問い合わせ
●定休日	毎週火曜・最終水曜

温泉の特徴

●泉質　単純放射能冷鉱泉　●湧出状態　自然湧出　●泉温　約10度

近畿

21

兵庫県・有馬温泉

ホテル花小宿《はなこやど》

有馬温泉名物の「金泉」

木造建築の「ホテル花小宿」正面

鉄分が濃い「金泉」は冷え性に

日本三古泉の一つ、有馬温泉には「金泉」「銀泉」と呼ばれる、六甲山北側の山峡に湧く2種類の泉源（神戸市が管理）があります。

名物は、湯につけたタオルがたちまち鉄さび色に染まるほど鉄分が濃い「金泉」です。ミネラルを多く含み、塩分濃度が海水の2倍もあるため、湯上がりには白湯の浴槽に入り、塩分を洗い流します。よく体が温まるので冷え性の人にも喜ばれ、「子宝の湯」とも言い伝えられています。

「ホテル花小宿《はなこやど》」の浴場は「楓呂《かえでろ》」と「蔦葉子《つたばす》」の2カ所で、どちらも貸し切り風呂。宿泊者は、露天風呂のような開放感と風情が楽しめる「陶泉御所坊」（徒歩2分）の大浴場も無料です（15～20時まで）。

玄関を入ると、正面に掛けられた美術作家・綿貫宏介氏の書、ゆったりと落ち着いていて静かな様子を表す「閑」の一字が出迎えてくれます。

客室は、和と洋が調和したレトロでモダンな意匠。「古き良き魅力を残しつつ、新たなものを取り入れる」とのコンセプトに合致した、味わい深い空間が広がります。神戸港開港期（約150年前）に建ち並んだ、外国人専用ホテルに思いをはせてデザインしています。

引き戸にはめられた金茶ガラスのやわらかな明かり。温泉街を外国人が行き交う明治初期の風景が

五右衛門風呂が楽しめる「楓呂」

目に浮かぶ、そんな宿です。

「お竈《くど》さん」を使った絶品料理

宿に併設された食事処「料膳旬重《りょうぜんしゅんじゅう》」は、「お竈《くど》さん」と呼ばれるかまどを設《しつら》えたオープンキッチンスタイルで、日本料理が楽しめます。米は、「保田ぼかし」にて有機栽培したものを契約農家より取り寄せています。

同ホテルは、神戸市内で唯一、明石浦漁港で漁協組合の競りに参加。身の締まった新鮮な瀬戸内海の幸が味わえます。

カウンター席に座り、料理人の手際の良さを眺めていると、目にも鮮やかな料理が絶妙なタイミングで出されます。サクランボに見立てたサケの手鞠寿司、ビワに見立てた卵黄のみそ漬けなど、素材の味を生かした料理の数々。上品な盛り付けにも食欲をそそられ、優雅な気分になりました。

朝食も料膳旬重でいただきました。小鉢に入った丹波の黒豆豆腐の調味料には、しょうゆと塩、オリーブオイルが用意され、洋風な一品に。備長炭のかまどでさっとあぶった焼きのり、サワラの塩麹漬け、みそ汁、羽釜で炊くふっくらとした白米。香りや湯気も、おなかと心を満たすごちそうでした。

朝食の一例

夕食の一例

DATA

住所	兵庫県神戸市北区有馬町1007
電話	078-904-0281
交通	神戸電鉄有馬温泉駅から徒歩7分（送迎可）。阪神高速道路有馬口ICから約1km
宿泊料金	1泊2食付き2万3200円～
部屋数	9（洋室4、和室4、和洋室のスイートルーム1。いずれもツインのベッドを設置）
日帰り入浴	なし

温泉の特徴

泉質　含鉄－ナトリウム－塩化物温泉　**泉温**　約80度

22

兵庫県・塩田《しおた》温泉

湯元 上山《うえやま》旅館

館内の床下からも湧出する源泉

四季折々の自然に囲まれた野天風呂

サイダーのような源泉が胃腸病に効果あり

兵庫県の南西部、播磨《はりま》地方で唯一の温泉宿「湯元 上山《うえやま》旅館」は、山の背に抱かれた塩田温泉の一軒宿です。創業は明治7（1874）年。温泉郷だった江戸時代から「胃腸の湯」として知られ、先祖が湯治宿で湯守り（管理）をしてきた、歴史ある温泉宿です。

自家源泉は、井戸水と同じ温度。泉質は炭酸重曹弱食塩泉で、野外にある源泉の飲み場で味わってみると、塩味が効いたサイダーのような味がします。

床下は全体が岩盤になっていて、源泉が自然湧出。社長の上山洋一郎さんが床のふたを外して床下を見せてくれました。

「岩盤が貯水場の役割を担っています。ラウンジと隣り合わせに湯殿があるのは、昔は源泉を引っ張るのが容易でなかったから。改築したさい、あえてこの造りを残しました」

源泉は無色透明、湯は適度に加温されています。大浴場（檜風呂、庭園風呂）、野天《のてん》風呂（男湯・女湯）、家族風呂、野天家族風呂があります。

大浴場の隅に、客の要望に応えて造った、1人用サイズの浴槽があります。源泉のみを使用した冷たいお風呂です。加温された湯と交互に入ると、さらに代謝が良くなるそうです。浴槽の小ささに、湧出量を踏まえた上山旅館の良心的な姿勢を感じました。

屋外に出て、階段を降りたところにある源泉飲み場

樹齢300年を超えるもみの古木や竹林の先に、野天風呂があります。もみじの葉が幾重にも重なる向こうに、まっすぐ天に伸びる竹とちらちらとのぞく陽の光。野天風呂に到着するまでの敷地内には自然が残り、散策しながらのひとときもぜいたくです。

夕食は旬の素材を盛り込んだ会席や名物のお鍋のコース

会席コースは旬の素材を使用した前菜やお造り、炊き合わせ、揚げもの、焼きものなど。但馬牛のお肉が付いた炭火焼き会席や戦国宴会料理の狸食《たぬくい》が付いた会席プランなどもあります。

鍋コースは、素材を軟らかくする源泉の作用を利用したしゃぶしゃぶや、名物のぼたん鍋がメインです。ぼたん鍋は薄切りにしたイノシシ肉を、牡丹の花に似せて皿に盛ることから、その名がつけられました。2007年に、「農村漁村の郷土料理百選」(農林水産省)に選定された、兵庫の郷土料理です。

「丹波・篠山地域には、ぼたん鍋専門店もあるほどです。当館は裏山で狩猟したイノシシ肉を、独自に調合したみそで煮込んでいます」(上山さん)

脂がのったイノシシ肉のうま味が含まれているうえに、脂の質が良いため淡泊な味で、野菜との相性もぴったり。体の芯から温まります。

ぼたん鍋

朝食は源泉で炊いたお粥と和定食が登場します。お粥は源泉の作用でウグイス色に。天然の塩気がほんのり感じられ、とろりとしてまろやか。感激しました! もう一度味わいたくて、源泉を持ち帰ってチャレンジしてみることにしました。

DATA

●**住所** 兵庫県姫路市夢前町塩田287
●**電話** 079-336-0020
●**交通** JR姫路駅から神姫バスで約34分、塩田下車、徒歩8分(姫路駅から15時30分1便のみ無料送迎あり。要予約)。中国自動車道福崎ICから約10km、夢前スマートICから約3km
●**宿泊料金** 1泊2食付き1万6500円～
●**部屋数** 14(特別室3、和室10、和洋室1)

温泉の特徴

●**泉質** ナトリウム炭酸水素塩泉 塩化物泉 ●**泉温** 約17度

23

奈良県・洞川《どろがわ》温泉

花あかりの宿 柳屋

修験者を癒やしてきたやわらかい湯と名物湯豆腐

左手前は、お茶請けに提供する自家製のかきもちが評判で構えた宿併設のかき餅工房

肌あたりがやわらかな温泉

紀伊半島の中央、霊峰大峯山《おおみね》麓に位置する洞川《どろがわ》温泉。湧水群が点在する名水の山里です。洞川は、修験者や参詣者の門前町として栄えてきたエリア。いにしえの時を経て、いまなお修験者たちが大峯山に向かう修験道（＊1）の入口になっています。「行者《ぎょうじゃ》さん通り」と呼ばれるメイン通りの両脇には、昔ながらの宿が建ち並んでいます。

メイン通りを歩くと、どの宿にも縁側があることに気づきます。かつて足袋《たび》にわらじ履きの行者さんたちが縁側に座り、足を洗ってから部屋に入った、その名残りです。やたらと目につくのが「陀羅尼助《だらにすけ》」と「ごろごろ水」の看板。前者は大峯山に伝わる生薬から作られた和漢胃腸薬の名前、後者は鍾乳洞近くの湧き水の名称です。湧き水が洞窟の奥で、小石が転がるような音を反響させることがその名の由来です。

「花あかりの宿 柳屋」はメイン通りから橋を渡り、徒歩2～3分の龍泉寺近くにあります。宿の主人・田辺実さんが先代から引き継ぎ、息子さんと3人で切り盛りしています。館内のそこかしこに季節の楚々《そそ》とした花木が生けられ、玄関のクリの木の床は磨き込まれています。

宿に足を踏み入れた瞬間に感じた清潔感は、湯殿も例外ではありません。湯殿は二つ。どちらも窓から空も山も川も見えます。床や壁面はタイル張り。白、茶、黄、緑などのタイルが張られた明るい

夕食の一例(2人前)。アユの塩焼きなども付く名水湯豆腐鍋コース。吉野名産の葛きり付き

浴場と、黒を基調にしたシックな浴場は小ぶりですが、なんともすてきです。湯は無色透明。修験者を癒やしている湯は、肌あたりがやわらかでした。

源泉は、宿から1㎞ほど離れた洞川キャンプ場近くの地下1000mから湧出。泉温約31度で、湯量も豊富ではありませんが、この宿は洞川温泉で唯一源泉かけ流しです。

だしが絶品の名水湯豆腐

宿の敷地内にも名水が湧き出ています。この辺りの地層は花崗岩と石灰岩でできていて、ミネラルを程よく含んだ甘味のある名水に恵まれています。

宿泊プランは鴨鍋や会席など、夕食のメニューから選択。人気のぼたん鍋は女将の富美子さんが毎年、木の樽で仕込む自家製みそを使った秘伝のタレでいただきます。地もののイノシシ肉を冷凍保存するので、通年味わえます。自然解凍して、ていねいに包丁を入れるのがおいしさの秘密。スライサー（肉をスライスする機械）を使うと、その熱で味が変わるのだそうです。

名水湯豆腐は地元で評判の「名水とうふ山口屋」のもの。豆腐の種類は1種のみで、木綿豆腐と絹豆腐の中間のような口触りです。北海道の日高コンブと花がつおでとるだし、これがだしだけでも味わい深い！　女将さんいわく「コンブは長めに炊いて、しっかりだしをとっています」。

天川村《てんかわ》ブランドの吉野葛の葛きりも添えられていました。澄みきった空気、厳しい冷え込み、清冽《せいれつ》（＊2）な名水があって生まれる名品も、このだしで堪能しました。

＊1：修験道は山に籠もって厳しい修行をおこなう日本古来の山岳信仰。多くは有髪《うはつ》で兜巾《ときん》をかぶり、ほらを鳴らし修行する。

＊2：水が清く澄んで冷たいこと。

近畿

DATA

住所	奈良県吉野郡天川村洞川489-9
電話	0747-64-0621
交通	近鉄吉野線下市口駅から奈良交通バス洞川温泉行き終点下車（約1時間20分）、徒歩8分（バス停より送迎あり。要予約）。南阪奈道路葛城ICから国道165・169・309号等経由で約52km
宿泊料金	スタンダード客室1泊2食付き1人2万5000円〜
部屋数	7室（全室禁煙の和室。冷蔵庫、トイレなし）
日帰り入浴	不可

温泉の特徴

泉質　単純温泉　**湧出状態**　掘削　**泉温**　約31度

24

和歌山県

日帰り温泉「ゆの里」と宿泊施設「このの」

源泉と地下水をブレンドした湯に症状改善の声が続出

外観

地中深くから湧き出た〝太古の化石水〟と呼ばれた源泉

温泉と地下水の水質がともに注目され、人気の温泉があります。和歌山県の高野山麓に建つ日帰り温泉施設「ゆの里」です。２００３年には、遠方から訪れる利用者のための宿泊棟「このの」を、敷地内に新築しました。

高野山麓の豊かな自然がはぐくんだ源泉と地下水の評判は「水の分子が微細で、吸収されやすい。活性酸素の除去力が、30年研究してきたなかで最高」「源泉は太古の化石水」と評価した専門家もいるほどです。

敷地内に湧き出る源泉と地下水は水質が微妙に異なる三つの水脈をもっていて、〝金水〟〝銀水〟〝銅水〟と名づけられています。源泉の〝銀水〟は、１枚の硬い岩盤に阻まれて掘削作業は難航しましたが、１９９０年、地下１１８７ｍから湧き出たそうです。

ゆの里にある浴室は男湯と女湯の二つ。それぞれに無菌の地下水、〝金水〟と〝銀水〟をブレンドした浴槽〝月のしずく風呂〟です。とろりとしていて無味無臭。とてもやわらかい湯です。

心臓への負担が軽く、血行を良くする二酸化炭素の含有量が多いためか、高血圧症の人にも利用されています。源泉だけの浴槽はありません。アトピー性皮膚炎など皮膚の疾患やぜん息が良くなった、腫瘍が小さくなったなど、口コミでその評判が広がり、遠方からも多くの人が療養に訪れています。

朝食の一例。〝月のしずく〟で作ったゴマ豆腐など

〝金水〟〝銀水〟〝銅水〟をブレンドした湯船は、このの《※》だけの特別湯。体を包み込むような優しい肌触りを、より強く感じました。

料理で使う野菜は無農薬の自家栽培

1泊2食付きのプランもありますが、基本は1泊朝食付きのプランです。

朝食は宿泊客だけのお楽しみ。1人用の釜で出されるご飯は、月のしずくで炊いたもの。「ご飯ってこんなにおいしかったんだ」と、思わず声が出てしまうほどの味わいで、おこげも評判です。

煮物やサラダに使われる野菜の多くは、敷地内の裏手にある「ゆの里ファーム」から。露地栽培と温室での水耕栽培によって、農薬はもとより、一切肥料も使わず、微生物が生きた土壌の力で育てる自然農法を取り入れています。

野菜は、館内にあるイタリアンレストランでも食べることができます。

ゆの里の施設も充実しています。お風呂は露天風呂や滝風呂、ミスト&スチームサウナなどがあります。食事処は会席料理や鍋物が堪能できますし、カフェやパン屋さんもあります。

神戸大学の学者らと開発した豆乳ヨーグルトは、乳酸菌の培養に地下水を利用したもので、とくにクセもなく、とろりとした食感が好評です。

「このの」自慢の浴室「星」。もう一つの浴室「月」と男女入れ替え制。別途料金で1人用浴室も

近畿

DATA

●住所　和歌山県橋本市神野々895
●電話　0736-32-7747
●交通　JR和歌山線または南海高野線橋本駅から送迎バスあり
●宿泊料金　1泊朝食付き7700円(税込)～
●部屋数　18(洋室のシングルタイプから和洋室・和室のファミリータイプまで)
●日帰り入浴　ゆの里を利用。1100円(税込/10～22時で、受付は21時まで。第2・第4木曜休み)

温泉の特徴

●泉質　含鉄・ナトリウム・カルシウム・マグネシウム・炭酸水素塩泉　●湧出状態　掘削　●泉温　約21度

25

鳥取県・三朝《みささ》温泉

湯治宿 et Café ゆのか

亡き父を癒したラジウム温泉の岩盤浴 夫婦で湯治宿を

1階のカフェ（ランチとティータイムのみ営業。コロナ感染予防のため、現在は休業中）

工夫を凝らしたラドンが充満している空間

８５０年の歴史をもつ三朝《みささ》温泉。岡山大学医学部の温泉健康調査では、三朝温泉地域はがんの死亡率が全国平均の半分との統計解析もあり、言わずと知れた世界屈指の含有量を誇るラジウム温泉（放射能泉）です。「この湯に浸かって三度《みたび》朝を迎えると元気になる」。三朝温泉の名前の由来です。

三徳川の両岸に20軒ほどの宿が点在する同地に、２０１５年にオープンした自炊の「湯治宿 ｅｔ Ｃａｆé ゆのか」を訪れました。

「体調の思わしくない人や、病中病後の気弱な時期に、ゆったりと体を癒やしてほしい」。宿のオーナー、田村博文さん、万里子さん夫妻はこう言います。２人は脱サラして同県米子市から移住し、湯治宿を始めました。「父は余命半年と宣告され、歩くのもままなりませんでした。ところが、三朝温泉で湯治するようになって見違えるほど元気に。亡くなるまでの2年間、穏やかに過ごすことができました」。この年月が２人に、同地での湯治宿開設を決意させたのです。

三朝温泉は地面を２ｍも掘れば湯が湧くというほど、源泉数が豊富。泉質は無色透明で、ほぼ無味無臭のラジウム泉です。つかってよし、飲んでよし、吸ってよし。昔から「温泉街にいるだけで体にいい」といわれるのは、ラジウムが気化してラドンガスが発生し、吸い込むと新陳代謝、免疫力、抗酸化力が向上（ホルミシス効果）するからです。

約20畳の韓国式岩盤浴。23時に消灯するが、それ以降も利用可

博文さんは岩盤浴に「極楽だ」と心身を委ねた父親の姿が心に焼きつき、木造2階の旅館を湯治客専用宿に改修するさい、お湯を床下に巡らせて床を温める岩盤浴を設置。しかも、遠赤外線効果の高い黄土（ファント）を韓国から取り寄せ、現地の職人による韓国式の伝統的な床暖房岩盤浴「チムジルバン・オンドル」に。三朝温泉で最古の湯とされる公衆浴場「株湯《かぶゆ》」（宿から約５００ｍ）から源泉を引き、中央には源泉が飲める蛇口も取り付けました。

室内は約38度。長居しても、疲れやサウナ室のような息苦しさは感じません。ラドンが充満する空間。寝転んでいるだけでじんわり汗が出て、気持ちよくなりました。

岩盤浴と廊下を隔て、内湯が二つ。中から施錠し、貸し切りで利用します。乳がんの術後の人や介助が必要な人が夫婦でも入浴できるように、との心配りです。

湯治客への配慮と居心地の良さがすみずみに

客室は全室ベッド仕様の和室であること、共同の自炊場（ＩＨ対応）が１階と２階それぞれにあるのも、湯治客への配慮です。基本的な調味料は自由に使えます。

１階のカフェでは博文さんと、調理師と栄養士の資格をもつ万里子さんが、鳥取産の食材をふんだんに使ったランチメニューを提供。夫妻のゆったりと自然体の接客が、宿をいっそう居心地よくしています。

岩盤浴の浴室に置かれた自由ノートには、利用客の謝意がぎっしり。ある女性は、乳がんが転移したステージ４で１カ月に２回、２泊３日のペースでここに通い、４カ月後には腫瘍マーカーが正常値に回復。「たくさんのがん患者さんとの出会いに、『ゆのか』さんに感謝です！」と、ことばが継がれていました。

DATA

●住所	鳥取県東伯郡三朝町三朝800-1
●電話	0858-43-1950
●交通	JR山陰本線倉吉駅から三朝温泉行バス15分終点下車、徒歩10分／中国自動車道院庄ICから国道179号経由約1時間
●宿泊料金	1泊素泊まり5000円～（税込）アメニティは有料　3泊以上の連泊で割引あり
●部屋数	10室。全室ベッド仕様の和室。共同トイレ利用とトイレ付きのタイプ
●日帰り入浴	休業中

温泉の特徴

●泉質　単純弱放射能泉　●湧出状態　掘削　●泉温　約50度

中国・四国・九州

26

長崎県・小《お》浜《ばま》温泉

湯宿　蒸《じょう》気《き》家《や》

蒸気サウナ&蒸気を利用した蒸し釜で自炊

温泉蒸し風呂付きの男女別湯殿が一つずつ（入れ替えなし）。6時～23時30分利用可

地元民が太鼓判の源泉

雲仙岳のふもと、島原半島西側の橘《たちばな》湾に面した小浜《おばま》温泉は、湯量が豊富なうえに、泉温が100度前後もあり、放熱量は日本一を誇ります。

開湯は古く、奈良時代に編纂の『肥前風土記』にも記されています。そこかしこから湯煙が立ちのぼるこの温泉街には、源泉が30カ所も！

「湯宿 蒸気家《じょうきや》」は、自家源泉の温泉蒸し釜で食材を蒸して、自炊が楽しめる宿です。

湯殿は、男女別の内湯が各1カ所。10人ほどが入れる瓢簞《ひょうたん》型の湯船です。泉質はかすかに硫黄臭と塩味がして、ほぼ無色透明。源泉かけ流しですが、100度前後もある泉温なので、加水して適温に調節。加水しても、まったりした肌触りです。

「温まり方が全然違う」「ぜん息にもいい」「とても落ち着く」といった声が続々と寄せられています。

地元のおばあちゃんたちと居合わせ、宿のパンフレットにある「ここの温泉がいちばんよか」という声を直《じか》に聞きました。

湯殿には、源泉の蒸気を利用した〝蒸気サウナ〟（温泉蒸し風呂）も二つずつ併設され、1人用サウナの気分が味わえます。

蒸し上がったばかりの蒸し籠の数々

葉物野菜なら1分 お芋丸ごとなら20分で蒸し上がり!

宿泊プランは、布団も自分で敷く素泊まりのみ。温泉街には飲食店が並び、出前もＯＫですが、温泉の恵みとこの宿のユニークさを堪能したいなら、自炊が断然おすすめです。使い勝手の良い共有キッチンにある調理器具は、無料で借りられます(調味料は別途かかるので、今回私はみそと塩を持参しました)。

この宿が看板に掲げている食材を蒸す「温泉蒸し釜」は、共有キッチンに隣接した屋外にあります。源泉の蒸気を利用した温泉蒸し釜が11台設置され、22時まで使用自由。蒸す時間の目安などを、社長の山下晃輝さんが教えてくれます。

蒸し釜の真横でボコボコ沸いているのは源泉でした。湧き出ているというより、まさに沸騰している光景です。朝食プランがあった２０２２年の夏前までは、源泉を使った温泉粥も提供していました。

葉物野菜ならわずか1分、お芋丸ごとなら20分を目安にタイマーをセット。ほんのり塩気のある蒸気に任せるだけで「うまっ！」となるのです。何だかワクワクしました。

私はといえば、中央通り近くのスーパーで生のサバと間違えて、しめサバをうっかり購入。社長がしばし考えてから、「蒸しちゃいましょう！　自分も初体験。意外といけるかも」のひと言に、すっかり気持ちもおおらかになり、蒸すおもしろさにはまりました。

食事は夕食・朝食とも、共有キッチンに隣接した休憩スペースで（部屋に持ち込み可）。ひと晩、源泉でゆでた「熟成黒たまご」も販売しています。

宿の目の前の中央通りには、亜熱帯植物ジャカランダの街路樹が続いています。そのすぐそばにある日本一長い足湯（全長105m！）につかりながら、海に沈む夕日を眺められるのも小浜温泉の魅力です。

D A T A

●**住所**　長崎県雲仙市小浜町北本町14-7
●**電話**　0957-74-2101
●**交通**　JR諫早駅から島原鉄道口之津行きバスまたは雲仙行きバスで約50分、小浜バスターミナル下車すぐ。長崎自動車道諫早ICから国道57号経由で約45分
●**宿泊料金**　1泊素泊まり6000円～（税・入湯税込み）
●**部屋数**　16室（全室和室）全館Wi-Fi完備
●**日帰り入浴**　おとな450円（9～21時）/蒸し釜利用の場合は800円（入浴込み／10～17時）

温泉の特徴

●**泉質**　ナトリウム－塩化物泉　●**湧出状態**　自噴／飲用可　●**泉温**　約95～105度

27

鹿児島県・指宿《いぶすき》温泉

いぶすき秀水園

波打ち際での砂蒸し温泉と料理人も舌を巻く絶品料理

砂蒸し温泉と貸切風呂

料理に定評がある和風旅館

世界的にも珍しい海中の地中に注ぐ温泉の熱を利用した天然の砂蒸し温泉があることで、全国的に知られている指宿《いぶすき》温泉。近辺のどこを掘っても温泉が湧き出るという指宿温泉の泉質はナトリウム塩化物泉で、「熱の湯」とよばれる泉質は、保温効果に富んでいます。美肌に役立つメタケイ酸の含有量が多いのも特長です。

その中心地の摺ヶ浜《すりがはま》エリアに建つ「いぶすき秀水園」は1963年、焼酎製造会社を経営していた先代が別荘を改装して創業した和風旅館で、料理に定評があると聞き、砂蒸し温泉とセットで訪れてみたいと思っていた宿です。

収容人数は200名、客室からは錦江湾《きんこう》が望めます。館内には男女別に露天風呂付きの大浴場が一つずつあり、サウナも備えています。専用のリビング付き貸切湯あみ処もあります（有料）。大浴場の脱衣所には「せんな 緩下薬」「げんのしょうこ 整腸薬」「せんぶり 健胃薬」と記された健康茶が2～3種類置かれており、自由に飲めます。

夕食までの時間を利用して、砂蒸し会館「砂楽《さらく》」の砂蒸し温泉を体験することにしました。宿から歩いてわずか3分。浴衣に着替えて海岸に降りると、テントの下で砂に体をうずめた人たちの顔が砂浜に並ぶ珍しい光景が広がっていました。

あわび素味噌焼き

波打ち際に横たわり、砂をかけてもらって約10分。温泉の熱を帯びた砂は程よい重みがあり、寄せては返す波の音がなんとも心地いい。夜風に吹かれてついうとうとして、起こされたときには噴き出した汗で全身がじっとりと濡れていました。

砂を落として「砂楽」のサウナ付き大浴場に入ったとき、体の軽さを実感。「砂蒸し温泉を一度経験しただけで、五十肩が軽くなった」という、滋賀県から再訪した女性の笑顔を思い出しました。

和風オリジナルソースで焼いた「あわび素《もと》味噌《みそ》焼き」

いぶすき秀水園は「プロが選ぶ日本のホテル・旅館100選」（旬刊旅行新聞主催）の料理部門（献立や配膳、器、味、質量などを総合的に評価）で、39年連続1位を受賞しています。同伴者の友人いわく「個性的でこまやかな味付けに、指宿の味を知ってもらいたいという心意気が伝わってくる料理ばかり」。

2段重ね盛りで登場したお造りには、錦江湾でとれたキビナゴの刺身が。地元で定番の酢みそ、関東風のしょうゆ、甘味の強いこってりとした郷土のしょうゆの3種が用意されました。新鮮なアワビを蒸してから、エノキなどの和風オリジナルソースで焼いた「あわび素味噌焼き」も絶品。アワビは蒸すと身がやわらかくなるそうです。うま味が濃く、滋味に富んだソースとの相性がぴったりでした。

朝食は鹿児島のさつまあげ、具だくさんのみそ汁、イカ刺し、とろろ汁、トマトジュース、オクラの漬物など、ヘルシーで栄養に富んでいました。

朝食の一例

DATA

- 住所　鹿児島県指宿市湯の浜5丁目27-27
- 電話　0993-23-4141
- 交通　JR指宿枕崎線指宿駅下車、車で約5分（無料送迎あり。要予約）。九州自動車道指宿スカイライン谷山ICから国道226号経由で約50分
- 宿泊料金　1泊2食付き2万5450円〜（税・入湯税込み）
- 部屋数　46室
- 日帰り入浴　なし

温泉の特徴

- 泉質　ナトリウム塩化物泉
- 湧出状態　自然湧出
- 泉温　約68度

心身の健康をアップする温泉の効用

健康増進クリニック院長
元温泉療法医
水上　治

日本人ははるか昔の縄文時代から、病気療養の場として、あるいは日々の疲れを取る湯治に温泉を利用してきました。

温泉の医学的効用は多彩です。入浴で温まることにより、全身の血管が拡張。皮膚や筋肉の血行が良くなり、コリや痛みが軽減します。筋肉や靭帯のコラーゲン繊維が柔らかくなるため、筋肉や関節が伸びやすくなります。お湯の中では深さ１ｍごとに体表１㎠当たり１００ｇの水圧がかかるので、末端の血液が心臓へ戻りやすくなります。

体温上昇によって、全身の免疫系が改善します。お湯が42度では、交感神経系が優位に。血管収縮、心拍・血圧上昇、消化管の蠕動運動や胃液分泌は抑制されます。いわばエアロビクスをしている状態で、全身の代謝が2亢進《こうしん》。酸素や栄養が全身に行き渡り、二酸化炭素や老廃物が皮膚から排泄されます。

40度以下では、副交感神経系が優位に。心拍・血管緊張減少、血圧低下、消化管の蠕動運動や胃液分泌が盛んになり、リラックスします。また大脳皮質、視床下部などを介して、気持ちがいい感覚になります。水中では体重が１／10となり浮力でのふわふわ感も、リラックスの要因となります。大きな浴槽のほうが手足が伸びて、よりリラックスできます。

温泉法に基づく温泉の泉質は、療養泉として塩化物泉、炭酸水素塩泉、硫酸塩泉、二酸化炭素泉、硫黄泉、含鉄泉、酸性泉、放射能泉、単純温泉があり、それぞれに効果・効能が違います。

温泉の化学物質は皮膚から入り、多彩な効果を発揮します。温泉のほうが入浴より保温作用があるのは、温泉の成分が皮膚の表面を膜のように覆い、熱の放散を防ぐためと、二酸化炭素や硫黄などの血管拡張作用などによります。加温で皮膚の皮脂膜が溶け、温泉の微成分が皮膚に沁み、血流増加が皮膚の水分を保留し、きめ細かな美肌を作ります。

このほか、温泉には抗酸化作用やホルモン系改善といった多数の健康増進的な働きがあります。2022年九州大学都市研究センターは、別府温泉に1週間140名の男女に入湯してもらい、腸内細菌叢の変化をゲノム解析しました。入浴前後で、泉質別・男女別で異なる腸内細菌叢の疾病リスクの減少が見られました。統計的有意差が出たものでは、男性の単純泉入浴により「過敏性腸症候群」の疾患リスクが有意に減少、50歳未満の男性では5つの泉質の温泉のどれかに入浴することで「痛風」の疾病リスクが有意に減少することがわかりました。山間などの自然に恵まれた場所にある温泉は、森林浴を兼ねてさらなるリラックス効果も。

欧州では、温泉療法は健康保険の適応で、温泉療法医が最適の入浴法を患者に処方します。私も各地の名だたる温泉に入浴したことが良い思い出です。

疲れが溜まってきたら、行きつけの温泉宿で元気回復。これは現代人に必須の賢明な贅沢なのです。

おわりに

旅行雑誌の取材を始めた30代の頃。大型ホテルが増えていくなかで、自分の時間と費用を使って温泉宿を選ぶなら、「湯治—療養—保養」の流れを汲むところに泊まりたいと思うようになっていました。

たとえば、こんな温泉宿です。

・宿の近くに地元の人が集う共同浴場があり、昔から祀られている温泉神社がいまも佇んでいる

・建物をリニューアルしても、湯殿は源泉により近い位置のままという一点は変えていない

・昔風に演出しているのではなく、残すべきものとして〝帳場〟がある

・いちばん大切な基準は、大地からの恵みの温泉に感謝し、誇りをもって湯を守っている「飲泉」できるかどうかも、選ぶうえでの一つのキーワードになりました。初めて飲める源泉を口にしたとき「つかるだけではなく、飲むことも体にいい温泉があるんだ！」と驚いたものです。さらに、温泉の蒸気を「吸う」ことの効果にもひきつけられていきまし

た。

のちに、医療雑誌の温泉シリーズの連載をすることになり、治療に評判の宿を訪ねる機会を得ました。まずは、ひとりの客として湯船につかったり、岩盤に寝転んだりするなかで、そこを利用している人たちの話に耳を傾けました。自らの判断で治療方針を切り換えた人などさまざまでしたが、明らかにがんなどの検査数値が良くなったという人にたくさん出会いました。

私自身は医療雑誌の連載がきっかけで、もしこの先病気を患って温泉に入る体力が残っていたら、湯治に行くつもりです。日本には健康回復をサポートする温泉がたくさんあります。

自分がこれまでに訪ねた温泉はわずかですから、本書に掲載した27宿とは深い縁があったとしか言いようがありません。どこも再訪したい宿ばかり。しかもリーズナブルなのも魅力です。参考にしていただけたら、うれしい限りです。

最後に、この場を借りて、単行本の実現に向けて関わってくださったすべての方々に、心より御礼申し上げます。

和田美代子

Profile

和田美代子（わだみよこ）

明治大学文学部卒。交通新聞社に勤務後、フリーに。医療関係雑誌の「温泉探訪シリーズ」を50回連載。『旅の手帖』など旅行雑誌に執筆。著書『日本酒の科学』（講談社）など。現在、月刊『食べもの通信』に「とっておきの温泉宿」を連載中。

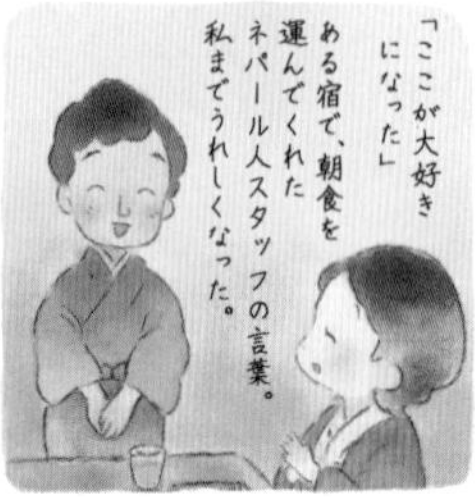

装幀　吉良久美
組版　吉崎広明（ベルソグラフィック）
校正　篠原亜紀子
イラスト　すずなごん
編集担当　下村理沙

心もからだもおなかも湯治 **とっておきの温泉宿**

2023年　4月30日　第１刷発行
2023年 12月20日　第２刷発行

発　行　　株式会社食べもの通信社
発行者　　千賀ひろみ
〒101-0051 東京都千代田区神田神保町１-46
電話 03-3518-0621　FAX 03-3518-0622
振替 00190-9-88386
ホームページ　https://www.tabemonotuushin.co.jp/
発　売　　合同出版株式会社
印刷・製本　株式会社シナノ

■刊行図書リストを無料進呈いたします。
■落丁・乱丁の際はお取り換えいたします。

ISBN 978-4-7726-7716-5　NDC 291　210 × 148

伝統の技キラリ!
暮らしを彩る和食器具

阿部悦子／矢吹紀人

A5 判／ 120 ページ
オールカラー／定価1760 円(税込)

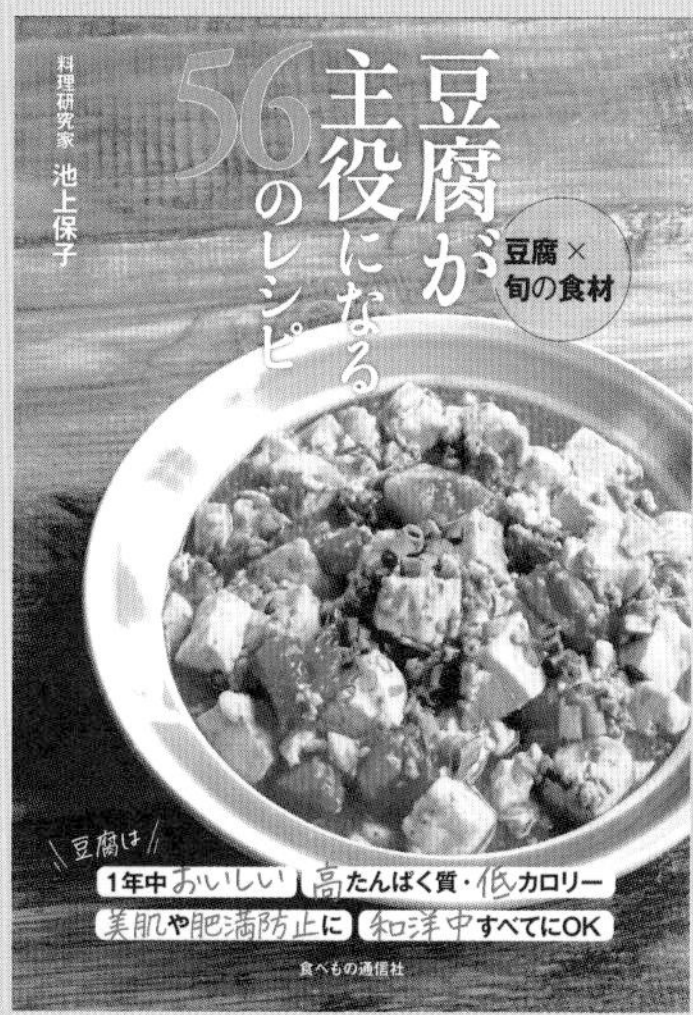

豆腐×旬の食材
豆腐が主役になる56のレシピ

池上保子(料理研究家・豆腐マイスター)

A5 判／ 128 ページ
オールカラー／定価1430 円(税込)

無農薬でつくりたい!
はじめてのプランター菜園

古藤俊二(JA糸島園芸グリーンセンター「アグリ」元店長)

A5 判／ 88 ページ
定価1430 円(税込)

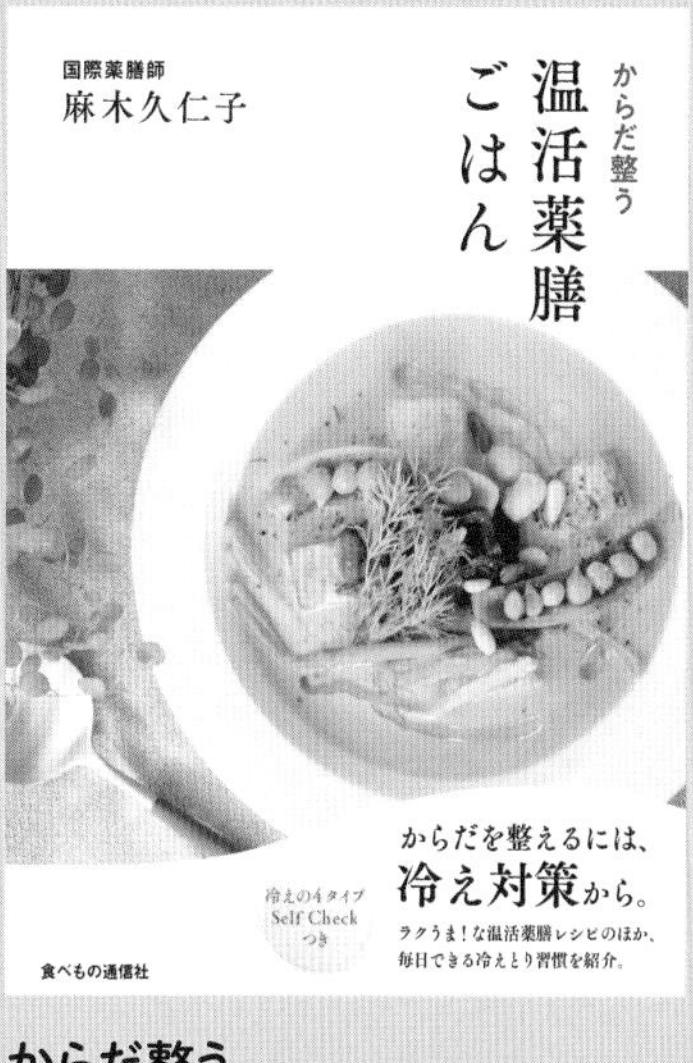

からだ整う
温活薬膳ごはん

麻木久仁子(タレント・国際薬膳師)

A5 判／ 120 ページ
オールカラー／定価1540 円(税込)